U0944083

# 镇沅

## 世界茶王 芳香镇沅


总策划／卫　星
杨照辉
张善强
白文彬

主　编／赵联涛
王鸿彬

本卷主编／刘　强
李　润



云南出版集团
云南人民出版社

鎮沅

**图书在版编目（CIP）数据**

文化普洱．镇沅 / 刘强，李润主编．-- 昆明：云南人民出版社，2016.11
ISBN 978-7-222-13926-8

Ⅰ．①文… Ⅱ．①刘… ②李… Ⅲ．①镇沅彝族哈尼族拉祜族自治县－概况 Ⅳ．① K927.43

中国版本图书馆 CIP 数据核字 (2016) 第 262652 号

**创意策划：** 云南出版集团公司产业发展部
**出 品 人：** 胡　平
**责任编辑：** 刘　焰　文艺蓓
**设计总监：** 袁亚雄
**装帧设计：** 云南非鳥文化傳播有限公司
**责任校对：** 李　爽
**责任印制：** 洪中丽

# 文化普洱·镇沅

**主编：** 刘　强　李　润
**出版：** 云南出版集团　云南人民出版社　// **发行：** 云南人民出版社
**社址：** 昆明市环城西路 609 号　// **邮编：** 650034
**网址：** www.ynpph.com.cn　// **E-mail：** ynrms@sina.com

**开本：** 787mm×1092mm　1/16　// **印张：** 17.25　// **字数：** 110 千
**版次：** 2016 年 11 月第 1 版第 1 次印刷
**印刷：** 云南出版印刷（集团）有限责任公司　云南新华印刷一厂

**书号：** ISBN　978-7-222-13926-8　// **定价：** 59 .00 元

如有图书质量与相关问题请与我社联系
审校部电话：0871-64164626　　出版部电话：0871-64191534

云南人民出版社公众微信号

# 总序

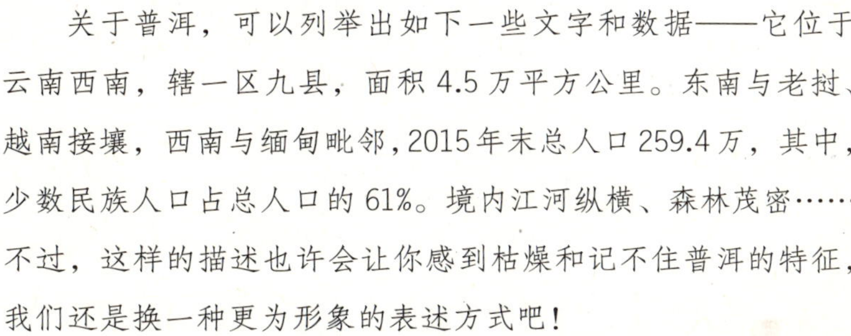

关于普洱，可以列举出如下一些文字和数据——它位于云南西南，辖一区九县，面积4.5万平方公里。东南与老挝、越南接壤，西南与缅甸毗邻，2015年末总人口259.4万，其中，少数民族人口占总人口的61%。境内江河纵横、森林茂密……不过，这样的描述也许会让你感到枯燥和记不住普洱的特征，我们还是换一种更为形象的表述方式吧！

普洱是云南省面积最大的一个州市，其辖区面积比台湾省陆地面积还要大。由于它的森林覆盖率高达68.7%，所以又被称为地球北回归线上最大的绿洲。另外它的名气也大，这当然要归功于这片土地上盛产的普洱茶，让很多搞不清它的方位的人也在不经意中记住了这个地方。

普洱的东南与越南、老挝接壤，西南则与缅甸毗邻，国境线长达486公里。从澜沧江（境外称湄公河）航道出境沿江而下，可直达东南亚五国，所以有“一市连三国，一江通五邻”的说法。历史上普洱一直是中国通往东南亚的重要门户，著名的南方丝绸之路之一。除了澜沧江、红河、南亢河三条水道可直通境外，仅陆上通道就有17条之多，所以普洱是我国名副其实的面向南亚、东南亚辐射中心的前沿窗口。

普洱民族众多，世代居住在这里的民族有14个，包括哈尼族、彝族、拉祜族、佤族、傣族、布朗族、瑶族等。其中很多民族又有多个支系，有的支系间服饰和语言的差别很大，只有专家才搞得清楚。当然，这样的现实又造成了众多的民族特色文化的繁荣。普洱动植物种类繁多，矿产资源和水能资源丰富，如果说云南是“动物王国”“植物王国”和“矿物王国”，那么普洱就是整个云南的缩影，在探明的矿藏中有金、铜、铅、锡、铁、钾盐，储量位居全省前列，仅一个惠民铁矿的储量就高达21亿吨。水能资源蕴藏量1500万千瓦，这让普洱成为 “西电东送”和“云电外送”的重要基地。

上述这几个现实的存在，从文化的角度来看，带来的是普洱丰富的民族文化，以及多元文化在这儿的碰撞和交融，在普洱构成了令人眼花缭乱的多彩和灿烂。

打开“文化普洱”系列丛书，无论是综合卷还是最北面的景东卷，或者“一县连三国”的江城卷，你首先感受到的是在这块土地上无处不在的普洱茶文化。这片绿叶由于得天独厚的优秀品质和独特的风味、独特的功效，以及伴随着它诞生的那些诸如茶马古道等文化，像镇沅卷中记述的那棵古茶王树，历经数千年依然活力四射、葱茏如盖。在整个普洱可记可述的历史中，无论是从原始部落直接过渡到现代文明的民族，还是那些经过“改土归流”演变到今天的群体，都可以看到普洱茶文化的影子在其间闪烁，只是有时是主角，有时是配角，但其内涵的深厚，仍然令人为之感喟不已。

花开花谢，日落日出。在很长的时间里，普洱与外界的联系相对闭塞，但生活在这块土地上的各族群众，却与日月天地为伴，与山水鸟兽为友，在一方水土中演绎出一方风流。多样的民族歌舞，是普洱大地上的一绝，傣族的马鹿舞、象脚鼓舞，佤族的甩发舞，拉祜族的芦笙舞，一亮相就惊艳全场，并通过专业团队和影视作品传遍了世界。《阿佤人民唱新歌》《婚誓》等富有普洱民族元素的歌曲，至今仍在共和国的大地上飘扬。

走进普洱，那绿色的大地，清新的空气，连片的万亩茶园，宜居的生态环境，如今已经得到了公认。在思茅卷中，那些来自山林的鲜活野生菌、带着自然清香的花卉食品，会使你对“生态普洱”有一个直观的概念；在澜沧卷中，抚摸着茶马古道上那些深深的蹄印，听着千年万亩古茶园中的自然箫声，你仿佛看到了边疆与祖国心脏的血肉相连，听到了边疆人民反对外敌入侵的呐喊；走进宁洱卷，带你瞻仰被誉为“新中国民族团结第一碑”的民族团结誓词碑，你会为那些决心在共产党领导下，为新中国努力奋斗的少数民族代表们掷地有声的誓言感到由衷的钦佩；在孟连卷中，八百多年关于孟连土司的记载，会让你感受到边疆社会发展的历史轨迹；在景谷卷里，那些在菩提树绿影中摇曳的傣族佛教文化和众多的仙踪佛迹，会让你的心灵再一次得到净化；在西盟卷中，佤族文化的冲击会像木鼓阵阵，拷问着我们这个现代文明世界的是是非非；在墨江卷里，那个被北回归线一分为二的小县城，则会用娓娓动听的语言，讲述双胞胎节的故事，讲述不同民族间文化相互交融的历史；在江城卷里，登上十层大山，透过中国、越南、老挝的同一块界碑，在鸡鸣三国的黎明中，你会感叹异国其实离我们那么近……

漫漫岁月，风雨沧桑。古往今来，普洱大地上值得点赞的色彩何止上述几笔，甚至也不是这套丛书中的一百多万字就能叙述完毕的。总之，这块土地上丰厚的文化内涵，也催生了普洱人的文化自信。一批批普洱的作家、诗人、画家、书法家和摄影家，以家乡的事物为题，创作出了一件件精美的文艺作品。其中，誉满中外的绝版木刻，更成为普洱文化的一张重彩名片。

为了进一步推动普洱文化的繁荣发展，普洱市委、市政府决定从增强文化软实力着手，编辑一套全面、权威，同时又图文并茂的“文化普洱”系列丛书，将普洱的人文精神完整地展现出来。为了完成这个前所未有的任务，全市九县一区组成了市、县（区）两级撰稿班子，集中了本土文化学者、作家、摄影家反复讨论、精心构思、实地考察，本着突出特色、尊重历史、实事求是、传承文明的原则，历经一年多的辛苦努力，完成了这部生动、鲜活，有独特文化韵味的丛书。

和以往编辑出版的介绍普洱的书籍不同，这套丛书打破了传统的编辑体例，以文化为核心，用散文的手法，完成了对普洱文化魅力的提炼，将普洱文化的价值做了全面的提升。尽管是第一次组织编辑这样的丛书，有经验的欠缺和县（区）间协调的不足，但丛书的编辑出版，是普洱文化发展的一件大事。这套丛书，也必将会成为中华文化海洋中的一朵美丽浪花。

从古到今，文化一直是一个民族的血脉，一直是人民群众的精神家园。因为文化的薪火传承，因为对文化价值的守望，才造就了一个民族的共同文脉。普洱的各族人民，也同样在漫长的岁月中坚守自己的文化家园，不因交通的隔阻而断流，也不因生活的艰辛而放弃，像上天赐予普洱的那片绿色茶叶，最终会让世界认识她醇厚凝重、越陈越香的特殊品质。

“文化普洱”丛书编辑委员会

2015 年 10 月

# 目录

# 第一章
# 马背上的流金岁月

袖珍的镇沅，犹如一匹脱缰的骏马，奔驰在中国版图西南边陲，凸显着浓郁的高原山城的民风特色，如长龙般齐头并进的澜沧江、勐统河、恩乐河、者干河流经境内，全县境域躺在哀牢山和无量山的怀抱里。翻开镇沅县城的历史，从古至今有颇多的伤痕，有所失有所得，更多的是丰富和积淀了镇沅历史文化。

# 流年岁月 追寻浅梦

一座县城总有一种属于她的风情，这种风情所折射出来的一切在地上投下了她的倩影。恩乐河静静流淌，横穿过无量山和哀牢山，水的灵气给她带来了慵懒和从容。恩乐河是有点味道的，河两岸的一些古老遗址和建筑，诉说着历史的辉煌和沧桑。虽然只是整个镇沅的一隅，却丰富多彩地装点了镇沅的风情。或许恩乐河只是这种风情的缩影，但一碗飘着浓浓小锅酒味道的清香，一杯马邓茶含在口中的清远，又构成了镇沅悠久的文化。

古老的和失去的，我们只能从深邃的历史中读取，然后，再把它放回记忆的库房里……

藏匿在中国版图西南边陲，西倚常年青翠的无量山，东坐屹立巍然的哀牢山，这就是世界野生茶树王之乡——镇沅。

乍一看，镇沅县的版图恰似奔驰的骏马，那么灵动，那么狂野。

茶叶芳香民风独秀的美丽镇沅，荡涤了无数的尘埃沙砾，留下了许多名胜古迹。在美丽的彩云之南的镇沅，称得上名胜古迹的犹如恒河沙多不可数，古衙门、旧城遗址、古盐井、古战场、古墓、铜镜、文笔塔、茶马古道等。

袖珍的镇沅县城优雅，别致凸显着浓郁的高原山城的民风特色。如长龙齐头并进的澜沧江、勐统河、恩乐河、者干河流经境内，全县躺在哀牢山和无量山怀抱。翻开镇沅县城的历史，从古

按板镇老县城

至今颠沛流离，镇沅县城有颇多的伤痕，有所失有所得，更多的是丰富和积淀了镇沅历史文化。岁月虽然逝去，我们追寻镇沅发展的历史轨迹，真可谓是三十年河东三十年河西。明建文四年（1402 年）十二月置镇沅州。永乐四年（1406 年）四月改为府，隶属云南布政司。清初仍设府，雍正四年（1726 年），改土归流。乾隆三十五年（1770 年）二月改为直隶州，改镇沅府所属威远厅归普洱府所辖，镇沅直隶州仅领恩乐县。道光二十年（1840 年）改镇沅直隶州为直隶厅，裁恩乐县入厅，厅城移驻恩乐。同治元年（1862 年）移厅治于旧城（现今老城），于按板井、新抚、恩乐设分防经历。民国元年（1912 年）移厅署于按板井。民国二年（1913 年），改厅为县，将按板井经历裁撤，并将恩乐、新抚两经历改设为县佐，隶普洱道。民国十六年（1927 年）将县公署

改称县政府，仍隶普洱道。民国二十年（1931年），又将恩乐、新抚两县佐裁撤，列三等县。1949年中华人民共和国成立后，仍置镇沅县，隶属宁洱专区。1957年11月景东县的勐大、里崴、振太三区划归镇沅县。1959年至1961年2月镇沅县合并景谷县，1961年3月恢复县制。1990年2月，国务院批准成立镇沅彝族哈尼族拉祜族自治县，同时撤销镇沅县，1998年县政府迁回恩乐。

一个城市的成长壮大是需要磨砺的。

一座县城总有一种属于她的风情，这种风情折射出来的一切在地上投下了她的倩影。恩乐河静静流淌，横穿过无量山和哀牢山，水的灵气给她带来了慵懒和从容。恩乐河是有点味道的，河两岸的一些古老遗址和建筑，诉说着历史的辉煌与沧桑。虽然只是整个镇沅的一隅，却丰富多彩地装点了镇沅县的风情。或许恩乐河只是这种风情的缩影，但一碗飘着浓浓小锅酒味道的清香，一杯马邓茶含在口中的清远，又构成了镇沅悠久的历史文化。

勤劳淳朴的多民族聚集于镇沅，各族人民长期和睦友好，具有艰苦创业和反压迫斗争精神。清雍正四年（1726年），镇沅实施改土归流，流官刘洪度趁机敲磕土官和百姓，其所属吏胥，亦“暴虐夷庶”，迫使镇沅各族人民联合威远拉祜族、傣族起义夜袭府署，将刘洪度缚于柱而戕之，驻防清军杀死几尽。咸丰五年（1855年），新抚区凹壁村哈尼族田四浪、沙定军，彝族普顺义、何成等

人，召集三千多少数民族，在凹壁四迭岩举行起义。起义军两年后控制了镇沅、墨江、景东、新平、景谷、普洱等部分地区，人数增至五千余人。咸丰八年（1858 年）五月，田四浪与弥渡义军李文学部联合，直至同治二年（1863 年）二月田四浪和李文学率领起义军在哀牢山中部占领面积达 4 万平方公里，人口达 50 万余人。同治十年（1871 年）二月田四浪在清军围攻的突围中被俘杀害。至此，由田四浪、李文学率领的哀牢山中部农民起义终告失败。

从历史发展的轨迹看，镇沅文化底蕴深厚。镇沅作为一座县城，其城址几经迁徙，历劫不衰，在中国古代和现代版图上没有被遗弃，不能不说是一大奇迹。历经沧桑的镇沅县城，在它的发展过程中兴学兴业，历史文化的发展大致可粗略地分为三个时期，即文化肇兴时期，清雍正十年（1732 年），巡抚张允随奏请建庙学，设立恩乐学宫。文化发展时期，雍正十三年（1735 年）知府章元佐设立义学 10 馆。县城、新抚、按板井、恩耕井、恩耕里、新村、蛮糯、慢达寨等地开设义学馆。清末，在按板井有私塾 3 馆，罗光全、黄毓桂、林竹轩和恩耕区岔河村黄典家设立私塾。宣统三年

① 老县城

② 按板镇老县城全景

镇沅衙门遗址古石狮

（1911年）先后设立恩乐碧松书院、恩乐文明书院、按板书院、秀松书院和新抚书院。文化鼎盛时期贯穿整个清代，这个时期镇沅出了14位举人、进士。五台山上的文笔塔便成了镇沅人心目中的文化灵魂，它体现出镇沅人对文化教育的重视，以及在文化教育上取得的巨大成就。从顺治至宣统，这是中国历史上封建王朝从积淀数千年形成辉煌后迅速走向衰落并最后灭亡的时期，而这时期也是文化延续发展时期，在镇沅历史文化的诸多领域得到了体现，文学、艺术、教育都有了较快而且多元化的发展。乾隆七年（1742年）恩乐县知张铭仲制的铜镜，是一个蕴含浓郁的历史文化色彩并充满勃勃生机的文明象征。

镇沅历史悠久，文化底蕴深厚，历代名人辈出。历史上曾出过文举人李瑜、谢天培、陈思川、刘宗汉、艾毓成、黄鹤龄、雷东煌，武举人李文极、陈文焕、艾有麟，文进士羊拱辰、郑丕钦、刘世爵、戴安礼；农民起义领袖田四浪、徐东位；

兴学兴业育德的罗大为；云南护国运动护国军第四军军长黄毓成；镇沅第一位中国共产党支部书记、女共产党员张清宇；清华学子罗永曙等。这众多的历史名人，有的身居高位，成为国家的栋梁；有的才华横溢，华章千古传诵。在这众多的历史名人之中，还有不少是忠诚的榜样，孝顺的楷模，廉洁的典范，他们用自己的实际行动践行了中华民族的传统美德，成就了万世敬仰的精神道德千古美谈。

忆往昔峥嵘岁月，一股红色革命之潮洗涤了陈腐的山河，旧的统治政权土崩瓦解。镇沅各族人民随着红色革命轰轰烈烈进行土地改革之际，被推翻的统治势力阴谋复辟，妄图推翻人民政权，夺回他们失去的天堂。在镇沅的恩乐、者东凹龙、田坝解板箐等先后发生了反革命武装暴乱，在平息暴乱

镇沅衙门遗址的古石狮

中政府官员和武工队员 56 人壮烈牺牲。青山绿水长留生前浩气，苍松翠柏堪慰逝后英灵，忠魂不泯热血一腔化春雨，大义凛然壮志千秋泣鬼神，功同日月先烈英名垂青史。

哀牢山，是镇沅拉祜族（苦聪人）的心中圣地，对它的虔诚是宗教般的！镇沅东倚绿色屏障，充满神秘、诡谲、素淡而更显深厚。苦聪人生活在哀牢山腹地原始大森林里，与世隔绝的原始生活造就了他们的独特性格，他们粗野而又豪放，自称“锅搓”。苦聪人是从原始社会直接走进社会主义的直过民族。

1998 年，镇沅的政治、经济、文化中心又回到了离别上百年的恩乐，几经沧桑的镇沅县城又在恩乐河岸上重新整装，去追寻恩乐县城的华美。

沿镇沅城恩乐河岸慢慢地走，走上如长虹般的民江大桥，会看到忽儿掠过头顶的白鹭鸶。流连于淌在人们心中的恩乐河畔，主宰着恩乐河畔庶民的神，是否会出现在某一个夏天的梦里？那些秋后遗留下的芦花，又是否会在某一个雨夜安慰了失意人的心？这般风姿绰约，使每双踏足镇沅的脚步都被缠绵住，极想连带这份风情一起带走，却又不忍，不忍破坏这份景致，哪怕只是轻轻触碰。

# 恩乐印记

恩乐，就像一位重情念旧的故人，依依收藏着遥远的过去，以古旧、破败、废弃，甚至荡然无存、修葺、重建、传说、故事等方式，留住了那些已然走远的岁月，留住了这片土地特有的古韵、内涵和灵魂。

漫步在恩乐河边，徜徉在无量湿地公园的花丛间，扑面而来的是沁人心脾的花香，熏得人陶醉，让人想到了“暖风熏得游人醉，直把杭州作汴州”的诗句。人们从叽叽喳喳的鸟语中醒来，空气中迷漫着花的芬芳，是那样的宁静闲适，仿佛能听到大地的律动。

时光如白驹过隙，千年光阴只是一瞬间，眼前依旧是这静静流淌的恩乐河水，年复一年静静地流淌，流走了渺茫的往事，流走了青葱岁月。

青葱岁月里，似水流年中，是什么已然微凉？曾经的恩乐盛世嘉年。记忆，像风，拂过哀牢山和无量山，绵绵思绪随风飘浮，伴着悠悠晨钟，点点情愁弥漫在空气中。广恩桥上的商铺已模糊，来回徘徊穿梭的游客商人，早已没有了影子。在记忆的角落里，那清寂的清晨、流动的阳光，晨风吹

镇沅县城景观

过的街角，如一幅幅剪影。曾经的梦，曾经的痛，曾经的歌，曾经的热情相拥，和着记忆飘荡而去。飞逝的季节里，走过春华秋实，蔚蓝的天空里留下恩乐绚丽的青春、笃定的誓言。蓦然回首，还在那灯火阑珊处，而它的子民早已流浪天涯。

这世间所有的经历都是时光叠加着风雨，伴着日月，蹒跚前行，在无尽的聆风沐雨的日子里，是积淀厚重文化底蕴的恩乐能够在心田上种满花，淡淡的光阴里，能够洗尽铅华，做回真实的恩乐。在尘世烟火中，执笔记下所有对恩乐的心语，不负恩乐的养育。终于缭绕的晨烟在恩乐上空又升起了，一缕缕，终将盘旋在镇沅庶民的梦里，一缕缕，永远陪伴在镇沅庶民行走的途中。

恩乐，承载了一段久远的岁月，沉淀着历史的沧桑。

恩乐，就像一位重情念旧的故人，依依收藏着遥远的过去，以古旧、破败、废弃，甚至荡然无存、修葺、重建、传说、故事等方式，留住了那些已然走远的岁月，留住了这片土地特有的古韵、内涵和灵魂。

恩乐，镇沅古时代的政治、经济、文化中心。清雍正五年（1727 年）设流官，改者乐甸长官司为恩乐县，至同治元年（1862 年）厅署从恩乐移至老城。恩乐作为地方都城历经整整 135 年的时间，其间设长官、设州、设厅、设府、设县，无论官制如何变化、

更迭，都给“都城”恩乐的历史增添了古色古香的神秘色彩，为恩乐古镇的古老与文明书写了厚重的华丽篇章。

古恩乐发展的鼎盛时期回溯到1862年以前，恩乐开始兴学兴业，有识人士在恩乐设义学、修庙宇、建书院、设私塾，书声琅琅，晨钟暮鼓，商贾如云，人流如潮。横跨恩乐河上的广恩桥，长约57丈，桥面两侧各建有25间木屋商铺，中间是人行道和驮马道，桥面的商铺酒旗飘飘，食客熙熙攘攘，

❶ 县城无量湿地

❷ 恩乐老城图

❸ 恩乐老城全貌

山脚村庄，桃红柳绿，鸡鸣狗吠，炊烟缭绕，清澈的恩乐河，通道与商铺融为一体的别具特色的广恩桥，土坯屋、瓦片屋、山草房连排连座的村庄，南来北往，操着南腔北调的马锅头、商人、窈窕淑女，如诗如画，一幅桃花源似的古镇景致画面。

那些包含丰富历史人文信息的珍贵遗存，往往在陵谷变迁中消亡殆尽，而恩乐居然能在烽火连天的乱世幸存得古色古香，能在盛世的诱惑中心如止水荆钗布衣保持着一些旧时风貌，真是难得和幸运。断垣残壁的衙门遗址、石狮、孔庙、缅寺、教堂、学苑、铜镜、石碑、水碓、舂碓窝，以及依然坐在恩乐河中的广恩桥墩成为恩乐的符号，古恩乐的街巷、小吃、方言、民俗、传说、恩乐县歌等，无不留存着古恩乐的记忆，传承着古恩乐的风韵，让你直观而真切地感到，千年都镇的一些悠悠过往，就悄然藏在古恩乐沧桑古朴的幽深小巷里，藏在古镇人平淡庸常的尘世烟火中。它没有中原古城的典雅精致，没有云南丽江古城的秀丽独特，但古朴、沧桑、厚重。 有了恩乐的古镇，嫡传着旧恩乐的血脉，延续着旧恩乐的文化。

古镇，是恩乐的一块胎记；恩乐，是哀牢山和无量山文化的一块胎记；恩乐县歌，是中华文明的一块胎记。古镇，风风雨雨中已然承载了历史的沧桑厚重。古恩乐，背负着曾经的辉煌悄然远去。今天，恩乐又接纳了离去百年的儿女回归，这座刚起航的县城已悄悄承载起了中华民族传统和现代文明，她将再创新的历史和辉煌。

❶ 新中国成立初的恩乐县城

❷ 广恩桥遗址

# 买秘河畔说旧城

旧城，也叫老城，因为有了那些人名和地名，也就开始有了细节，有了故事。这些故事像翻过一页历史书页一般被风吹走，留下的是一种叫作风格的东西。这些故事构成了镇沅老城的缩影和风情，细节像串在日子上的花朵，散发着历史的诗意和馨香。

被历史收藏了的，那是美丽的；被历史遗弃了的，那是淡泊的……

一座城，一生心疼，或相忘于流年，或珍藏于心间，片片阕阕都是碎碎念。

我们难用视线寻觅到镇沅旧城的景观，也难听到旧城喧嚣的声音，但我们依旧能看到旧城的城池……

明代地理学家徐霞客对镇沅这样描述道："是脊北自定西岭南下，东挟白崖，迷渡之水，为礼社江，南由定边县东南下元江；西界蒙甸头之水，为阳江，南由定边县西南下澜沧，乃景东、威远、镇沅都郡、州之脉所由度者也。"

明建文四年（1402 年）署镇沅州起，镇沅府城在旧城 150 余年，曾设立过土司署、流官衙门、土知府署、州府、厅府。清乾隆三年（1738 年）筑过石城，不能不谓

老县城街道一隅

"旧城"。

旧城，的确是镇沅的一道历史风情，好像提起旧城就会想到那遥远的古代山城的画面。旧城总带着点女人家的阴柔，缠缠绵绵。而这旧城小巷有多少，故事就有多少，数不清的。故事像老房子上的墙上爬着的爬山虎一样，会蔓延，会把一寸寸墙面变成它的领地，到最后，一些正说也沾染上些暧昧的意味儿。这就是旧城的风格，有些纠缠不清的意思，优柔寡断的。以至于现在外人乍一看旧城总觉得不爽快，看不到旧城的样子，一切都被村落所代替了。但太多发生在这座城市中的故事注定了她的温婉和与众不同。

旧城，也叫老城，因为有了那些人名和地名，也就开始有了细节，有了故事。这些故事像翻过一页历史书页一样被风吹走，留下的是一种叫作风格的东西。这些故事构成了镇沅老城的缩影和风情，细节像串在日子上的花朵，散发着历史的诗意和馨香。它深藏在旧城小巷斑驳的木质纹理中，生长于幽深古老的宅院里，或者从坐在门口小板凳上的老翁老妪口中流淌出来。那些曾经轰轰烈烈过的人和事，像流言蜚语隐匿在幽深的小巷一样被岁月轻轻覆上一层薄纱，朦胧地昭示着那一段段旧城之情结。那浩大而深厚的文化就沉淀在古老的街头巷尾，它们鲜活生动地跳跃在人们的心灵和行动中，不像博物馆的陈列品那样确凿而冰冷。

旧城不仅记载着镇沅历史发展的过程，也是镇沅历史发展的见证和文明发展的标志。

曾经街市繁华，有州官、知府发号施令的城府衙门；有兵丁、卒勇驻扎的兵营；城内建有"江西庙""川主庙"；有供奉神祇的城隍庙、白马庙，用于文化教育和祭祀孔子的孔庙；还有手工业作坊区的"银匠村"。"崇祯通宝""乾隆通宝""嘉庆通宝"见证着旧城的繁荣。

旧城的府城圈地约一平方里，分东南西北四个城门，北门建设在山头，为兵营驻扎。东门为进出城的总路门，建筑最雄伟，具有古建筑的雄壮和坚实。城门高约二丈五尺，宽约一丈五尺。两边基石各放一对长三丈、宽三尺、高二尺五的奠基石。基座全用方石砌就，再用制作精细的石条砌成拱形大门。拱门之上是两层楼房，石条和木料上是精雕细刻的图案。四座城门，南北二门无楼，城门之间用高大坚实的城墙连接，城墙围城一里多，高一丈三尺。城墙厚实而较宽，便兵丁执勤和巡逻。东门与西门，南门与北门之间用石条铺成十字街面，沿东门而下约 50 米，建有白邓庙，再往下 100 米左右便是平整宽敞的校场，校场左面是用石块和土筑成的高约 2 米、长约 10 米、宽约 8 米的点将台。点将台与一面土坯砌成的大照壁相对，校场不仅是官兵跑马、射箭、比武的练兵场，也是州官、知府杀人的刑场。

从东门穿过十字街心向北约 80 米处，是一座儒学建筑

群，即孔庙，又称黉学。向东不到 10 米是川主庙，再由此向西 50 米，是江西庙。江西庙远比川主庙壮观和热闹，一共有四间房子，两正房两耳房，正面是大门，大门前搭有戏台，每逢八月初一，江西籍人就自发到庙会唱戏。沿东门向西 500 米处是城隍庙，城隍庙的城墙上有壁画，城隍庙是供奉当地阴司，同祀风、火、雷、雨的地方，壁画内容也以反映阴阳轮回、因果报应和劝人行善

① 老县城河边民居

② 老县城荷花塘

病善为主。一幅壁画上一个老妇人站着，旁边五个小孩正从老妇人肚子里把肠子抽出来，老妇人脸露痛苦。壁画的内容是“五子”抽肠，意指这个妇人良心不好，做了坏事，死后到阴间受报应。另一幅是一个人露着肚皮，笑眯眯地啃着一只鸡腿，嘴角油星子直冒，旁边站着一妇人手指啃鸡人，唾沫溅飞，一副怒骂的样子。壁画人物栩栩如生、风趣幽默，具有浓厚的生活气息。

旧城众多村落中的“银匠村”，离城不到一公里，坐落在城的东北方。银匠村是旧城的手工业区，以制作银器为主，故名“银匠村”。银匠村的发展是与镇沅银矿的开采分不开的，据《滇矿概略》记载：“新隆厂在镇沅境（今者东镇木厂村厂洞梁子），镇沅厅在理之。”明朝后期，镇沅就是全省银的产地之一。银矿的开采，使以银为原料的加工作坊也随之兴起，也就有了“银匠村”。现在一些祖传下来的银项链、银手镯、银项圈还是当时“银匠村”的产品。村庄虽然已毁容，但制作银器的工具不时被挖掘出来，可见旧城当时小手工业已相当发达。

在旧城旁馒头似的小山包上，有个叫“刘公祠”的地方，土包里埋葬着“改土归流”后镇沅第一任知府刘洪度。史料载：1726 年，镇沅府改流，以威远同知刘洪度权知镇沅府。刘洪度在没收的土司刀氏私庄里，派人丈量土地，规定“三月为期，照亩上价，逾期不上，入官变卖”，乘机勒索田价。其手下官吏亦“暴虐夷庶，甚至沿途索夫”，兼要折贴水火夫供应。暴打民众，今日要草料，明日要柴薪，每日谢银四五钱。迫使各族人民激发思变，宰羊歃血，饮酒订盟，联合威远拉祜族、傣族人民举行起义。雍正五年（1727 年）起义军夜袭府署，杀死镇沅知府刘洪度，歼灭了驻防的清军。

旧城，这个镇沅古代府署驻地，明、清时期曾是一个街市繁荣、人烟阜盛，商业、手工业比较发达的地方，又是各族农民奋起抗争起义的战场。从古到今，兴衰盛亡本是人类社会发展的必然，旧城的衰落和时代的变迁有着千丝万缕的因果。据史料记载：民国元年（1912 年），因旧城人口寥落，不便防匪，始（县城）移至按板井。说明到了清朝末年旧城已经因人口寥落而不宜于作为厅城。对旧城衰落影响大的两个历史事件，一个是清朝中叶拉祜族、傣族、哈尼族联合农民起义。另外是“咸同兵燹”，光绪元年（1875 年）刻制的《育材书院义学碑》所记载：“自回匪倡乱，四方纷争，兵燹连年，文教失宜。自咸丰壬申而还，丧乱有年，流离有年。”这次兵火始于田四浪哈尼族起义，咸丰五年（1855 年），止于“壬申而还”的同治十一年（1872 年）。1855 年田四浪起义的义军攻陷恩乐厅城（1840 年镇沅直隶厅署

移驻恩乐县），接着攻下按板井，田四浪坐镇按板井，称都督和将军。同治元年（1862 年），清军重新攻取按板井和旧城。同年 8 月，起义军再次攻占按板井，时厅署随清军移回旧城。在双方你攻我占的战火中，昔日繁荣的旧城已是千疮百孔，经几劫几覆，曾经主宰过旧城的人连同他们权力象征的府城，早已面目全非不复存在了。

五百年的繁荣和沧桑，五百年的变迁，昔日的城府淡出了历史舞台，旧城对面的姑娘寨也没有了影子，依然没有改变轨迹的只是那条旧城下汩汩流淌的买秘小河，她依旧欢快地诉说着旧城的兴盛和沧桑，诉说着她永远的生生世世……

按板镇老县城老街

# 骄子风云

前事不忘，后事之师。历史有如一面镜子，清澈明晰，纤微毕现。历史事件和历史人物是不能忘记的，为了今天和明天，让我们在回顾这些不可忘却的往事中沉思吧！

## 红色玫瑰——张清宇

张清宇，镇沅党史上第一个共产党人，第一个女共产党员，第一个党支部书记，她是镇沅妇女中一朵灿烂的红玫瑰。

累积生活的书签，默默珍藏，收集经年的感动，让它成梦。

或许，尘世的沧桑总会在不经意间，让一颗求索的心盈满负累，而一隅宁馨，一处怡然，偶尔传来的一声绵长英名，却可以让灵魂与这俗世有一个恰好的接点，用来安放疲惫的灵魂。

一路走过跌跌撞撞，任岁月的追求鼓荡无怨无悔的青春。在镇沅这块土地上任意生长着千年不朽的古木，因为茶和盐，南来北往的商贩马帮问讯涉足，镇沅成了自古男儿的望生之地和爱与憎势力之争的地方。就在这样的事非之地按板井，1928 年初，悄然走来了以张清宇为代表的几个红色青年。

从此，镇沅就产生了历史以来的第一个红色政权——镇沅共产党支部。

张清宇，成为镇沅第一个共产党员，第一个党支部书记。

张清宇的一生，可以说是在氤氲中迷茫，在十字路口彷徨，在坎坷中颠簸，在磨难中成长的。生活不管经历了怎样的暗淡岁月，怎样的狂风暴雨，稳站在自己的直行道上，脚踏实地地走好自己的路。那才是真理。

1894 年，张清宇生在按板井，她自幼聪明伶俐，酷爱读书。1922 年赴昆明省立女子师范学校求学，当时正值五四运动后期，反帝反封建的思想在全国知识青年中广为传播，张清宇经常和进步同学杨静珊、张增智等在一起讨论中国革命，她表现出了对革命的热情和意志，引起了革命组织的重视。于是，《新青年》《向导》《学生爱国会周刊》《新潮》等进步刊物不断传到她的手里。张清宇勤学苦思，逐步树立了寻求真理、投身革命的思想。1924 年张清宇师范毕业后，毅然参加了李国柱同志组织的以学习马克思主义为主的秘密团体“云南青年努力会”，在学习活动中逐步坚定了马克思主义的信念。1925 年 8 月，加入了共青团组织。1926 年夏，受团组织派遣到广州参加国民革命军第三军“滇军”军官学校训练班学习，训练班由中国共产党地下工作领导人王德三任班主任，由恽代英等六位地下工作者任教员，张清宇在训练班思想进步，学习努力，意志坚强，经王德三同志介绍加入了中国共产党。1927 年春，张清宇随王德三秘密返回昆明，在新建立的以王德三为书记的中共云南省临委领导下的妇运、学运内部机关工作。

张清宇

1928 年初，国民党掀起黑云压城城欲摧的“清共”运

动，白色恐怖笼罩着昆明城，在很多共产党和进步人士面临被捕的危急关头，省临委指示张清宇、张增智、杨静珊、徐克、张秋雁、罗月辉等八人，在昆明篆塘边会合后便星夜撤离昆明，转移到镇沅按板井开展秘密工作。并决定建立一个隶属省临委直接领导的党支部，由张清宇任支部书记。张清宇她们遵照省临委指示，经过化名和精心化装，历经千辛万苦，转移到镇沅按板井。

以张清宇为支部书记的党团员到达镇沅按板井后，为解除当地人对她们的怀疑，镇沅同学以邀请来兴办地方教育为名义，做了充分地宣传，并赢得了当地士绅的信任，被介绍到按板县立小学、育英小学、恩乐大寺庙、勐大南康等学校任教。她们利用《历史》《社会常识》及有关“三民主义”等合法教材，利用反帝反封建唤醒民众的革命歌曲、戏剧宣传新文化新思想，宣传五四青年运动的精神，进行革命的启蒙教育。利用课余时间和假期进行社会调查，

镇沅早期地下党组织

利用同学聚会、游山玩水的时机，开展党支部会议。1929 年春，省临委机关遭到敌人破坏，镇沅党支部完全失去了与省临委的联系。失去组织联系后，大家心里十心焦急，急于寻找上级组织。张增智、杨静珊、徐克、张秋雁、罗月辉各人都患有不同程度的疾病，急需医治，在此情况下，支部做出决定，让各位党员各自回家治病，并分头寻找上级组织。于是徐克回了巍山，昆明的杨静珊、张秋雁及家在按板井的罗月辉等去了昆明，张清宇留在镇沅继续从教。寻找上级党组织杳无音信，从此，张清宇便成了一只失群的“孤雁”。

尽管与党组织失联，张清宇始终保持着对党的执着和革命的热情，坚定理想和信念。为培养教育下一代，她隐匿十六年先后在按板井育英小学、县立小学、省立义务小学、恩乐大寺庙小学、景东女子小学、镇沅县中学任教，其间担任育英、义务两校校长。张清宇把革命的希望寄托在青少年的身上。1929 年春，她把本地的 11 名学生送到昆明深造。1941 年，张清宇为促成县中学早日建成，把自己多年省吃俭用积累下来的 910 元新洋捐作筹建中学费用。

张清宇同志的革命生涯，经历过地下秘密工作的考验，经受过长途跋涉转移农村的艰辛，忍受过失去革命同伴的痛苦，遭受过两次入狱的摧残，承受过疾病交加的煎熬，真可谓黑夜路漫漫，坎坷且艰险。她赖以谋生的教书职业因病终止后，靠做豆酱卖或经营小本土杂店维生，曾一度步入观音庙吃斋度日。在度日如年的日子里，她思念着党组织，盼望着早日解放。1948 年 8 月，镇沅解放了，张清宇在庆祝镇沅解放的大会上，代表妇女界发表了热情洋溢的讲话，后来担任按板井妇女会主席等职。1951 年 4 月，在镇反运动中，张清宇以“反动党团罪”被错捕，判刑一年，刑满释放后，工商界民众又选她担任小组长。1964 年张清宇因病与世长辞，享年 70 岁。

张清宇教学

1983 年初，中共镇沅县委党史资料征集办公室成立后，县委对张清宇同志的党籍问题十分重视，经多方查证，认定了张清宇的党员身份，人民法院为张清宇平反昭雪，纠正了新中国成立初期对张清宇的错误处理，恢复其政治名誉，承认其光荣历史。

是呀！无论用多么优美的词句，也不能表露张清宇无私的品格；无论用多么浓香的笔墨纸砚，也不能勾勒出张清宇奉献的图画；无论多么肺腑的言语，也不能泄露她的秘密。

那正是无私奉献的党魂，不求回报过一生。或许，这正是张清宇的伟大之处，是其他人没有的品质；或许，这正是共产党员的神圣之处，是其他人没有的情操。

今天，我们寻觅张清宇的人生轨迹，追忆她对人类社会发展的求索，让我们的心灵在浮躁中得到净化和洗涤。

有人在纸醉金迷中断送了美好的前程，有人在黄粱美梦中被送上了断头台。色彩斑斓的霓虹灯下进行着正义与邪恶的较量，迷茫中改变了自己的一生，那当然是付出惨痛代价的改变。

红色的英灵离我们很远很远，但世界还是那么鲜艳夺目。

## 护国军长——黄毓成

黄毓成，曾留学日本，参加辛亥革命，任云南护国军军长，被朱德委员长尊为“革命前辈”，是经历过三个朝代世事沧桑的老人。

黄毓成，字斐章，镇沅按板井人。1883 年出身于工商业者家庭。黄毓成自幼聪明好学，记性好，性格倔强，从小就帮助父母干活，深得父母喜爱，并尽力供其读书。少时，受业于镇沅名师艾贡爷（艾之柏）。光绪二十七年（1902 年），考中秀才。光绪二十八年（1903 年），尽其家中所有，供黄毓成到昆明翠湖经正书院读书，等待会试。光绪二十九年（1904 年）末，考取留学生，被选送留日，入日本士官学校第六期，学习骑兵。黄毓成原想学习水利，后改学军事。有人问他为什么学军事时，他答道：“中国受外国人欺，还是要学点军事对付外国人。”他在士官学校读书期间，冈村宁次还在士官学校执教。那时，孙中山到日本进行反满革命宣传，留日学生，多受其影响。孙中山先生于 1904 年 8 月组成中国同盟会，出版《民报》刊物，与资产阶级改良派《新民丛报》展开激烈论战。黄毓成就与同学唐继尧、赵又新、叶香石（又名叶荃）等一齐加入同盟会。同盟会以“驱除鞑虏、恢复中华、创立民国、平均地权”十六字作为宗旨，推选孙中山为总理。当时，留日学生剧增，有五千多人。留学生中，革命情绪，反满情绪，显著增长。孙中山在《民报》的发刊词中，进一步把十六字宗旨阐发为民族主义、民权主义、民生主义，即资产阶级民主革命的旧三民主义。在光绪三十年至三十二年（1905—1907 年），同盟会与改良派围绕要不要暴力推翻清政府的民族主义，建立资产阶级共和国的民权主义，改变封建土地制度的民生主义等三个问题展开了长达三年的大论战，民主革命思想深入人心。这些都对黄毓成民主革命思想的形成和投身民主革命产生了积极和深远的影响。

宣统元年（1909 年）黄毓成从日本士官学校毕业，当时，正是辛亥革命的前夜。同盟会成立后，于 1906 年首先在江西萍乡和湖南浏阳、醴陵组织农民、矿工和部分防营士兵起义，成为同盟会和其他革命分子反清武装起义高潮的起点。1907—1908 年，孙中山在华南直接领导了六次起义。特别是 1908 年 4、5 月间领导的云南河口起义，给云南民主革命指出了明确的方向，为云南辛亥革命起义做了演习和准备。正如朱德同志在《辛亥革命》一文中指出的：孙中山派黄兴到云南河口发动起义，不幸失败；接着同盟会会员杨秋帆（即杨振鸿）等又在永昌举行起义，结果也没有成功。这两次起义虽然失败了，但革命的影响，却在云南日益扩张起来。正是在这样的背景下，黄毓成与同学赵又新、叶香石等结伴回国。在回家途中，沿长江流域考察各省军事，先后在四川、云南的新军中担任教官。回到云南后，经唐继尧推荐任云南陆军讲武学堂骑兵科教官，时值 1911 年。同年 10 月 10 日，武昌新军工程八营在正目（班长）熊炳坤领导下打响了武昌起义第一枪。进而攻占湖广总督衙门、藩库。10 月 30 日，云南同盟会员李根源、罗佩金等发动新军革命士兵起义，经过激战，击毙清军镇统（师长）钟麟同，成立军政府，以新军协统蔡锷为都督。云南辛亥起义，是在孙中山先生思想指导和同盟会具体领导下进行的。孙中山在东京时，就对云南留日学生中的同盟会员指出：云南有两个导致革命的因素，一是贪官污吏，另外是外侮日亟。英占缅甸，法占安南，都把云南当作侵略的目标。云南人民在反动官僚的压榨和外侮欺凌之下，易于鼓动奋起。孙中山先生的这个思想，对黄毓成的影响较为深刻。10 月 30 日（辛亥年九月九日）夜间 9 时，当蔡锷、李根源按计划起义，率领驻昆新军七十四标及十九炮兵标一营进攻总督署、五华山，率二、三营攻入北门，占领造币厂、兵工厂的同时，黄毓成与其他讲武堂师生一起，在城内武装响应，以积极的姿态参加了辛亥

黄毓成将军

革命。重九光复后，民国元年（1912年）因功升任骑兵第一团团长。接着，又担任援川滇军谢汝翼师的支队长（旅长），带兵进军川南，攻占自流井（自贡）一带。黄毓成根据回国时沿长江流域对各省军事的考察，对于如何促使革命在全国胜利，援川、援黔、下武汉、出中原等问题，在1912年2月1日《黄毓成致云南军都督府电》中，向蔡锷陈述过自己的见解。后来四川独立，建立军政都督府后，滇军撤回云南。同年三月初四，黔军政府改建，唐继尧任黔军都督，任命黄毓成为黔军第一旅旅长、驻兵联队联队长，兼贵州下游游击司令。当时的贵州由张百麟、黄泽霖、赵德全等执政，“滥引匪头，盘踞要津。政权匪势，混而为一。党羽鸱张，内害日烈”。使贵州处于“公私赤立，财力尤窘，微邻省协济，几难自给”和“财政既绌，吏治尤窳败，各地之匪几遍黔中，隐患方兴未已”的境地。奉滇军督府令，黄毓成与张子贞率部从驻地重庆还师援黔。参与消除黔乱的战斗，使贵州秩序尽快恢复。但是黔人陈开钊等仍带兵扰乱下游一带，使人民遭受痛苦，唐继尧又任命黄毓成为东路游击总司令。与刘法坤（滇省东路游击司令）一起，率部与席正铭（前黔都督杨荩诚的部下）、陈开钊的万人之众多次激战，收复了铜仁，击毙了陈开钊，迫使席正铭败走，滇军收复江口、松桃。黔军旅长周桀儒专程到铜仁与黄毓成接洽，请黄毓成将军率师还滇时，取道黔中，代清各处积匪。1912 年 4 月 1 日，孙中山宣布解除临时大总统职务，袁世凯篡夺了大总统的职位。1913 年 4 月，袁世凯向英法德日俄五国银行团借款 2500 万镑，集结重兵直逼九江、南京一线。6 月，孙中山先生发动了二次革命，宣布讨袁，安徽、上海、广东、福建、湖南、四川相继响应，宣布独立。唐继尧奉袁世凯的命令攻打熊克武部。黄毓成表面执行任务，实际上借机悄悄放走熊克武。进而攻克重庆，以军功任重庆镇守使，颁三等文虎勋章，晋中将衔。二次革命后，袁世凯紧锣密鼓地展开复辟帝制的活动。10 月，袁派便衣军警、流氓数千人，以“公民团”的名义包围国会，强迫议员选他为总统。1914 年 8 月，袁世凯在日本帝国主义支持下，进行复辟帝制的活动。1915 年 1 月，日本驻华公使日置益，当面向袁世凯提出灭亡中国的“二十一条”，作为支持袁称帝的交换条件。5 月 9 日，袁世凯接受“二十一条”，经过“筹安会”“公民请愿团”的活动，袁世凯于 1915 年 12 月 12 日接受帝位；15 日，册封爵位，于 1916 年元旦登基，改元“洪宪”。袁世凯的这些倒行逆施，早已激起全国人民的痛恨。黄毓成对袁的洪宪帝制激愤异常，多次与赵又新、邓太中、杨映波等人进言唐继尧，申以大义，要求唐起兵讨袁、反对帝制。李烈钧、方声涛、熊克武等人，准备秘密入滇，黄毓成又奉唐继尧之命，派侄子黄汉持函去香港迎接，并亲自到车站欢迎。把李烈钧等人接回昆后，安排住在圆通街 156 号黄毓成家中。有些策划反袁的会议，就在黄毓成家中召开。在反袁怒潮的推动下，前云南都督蔡锷，以养病为名，离京潜往日本，绕道香港、越南入滇。当得知蔡锷将军从香港经越南海防即将入滇时，唐继尧派其弟唐继禹去迎接，黄毓成又派黄汉去河内迎接，制止了张一锟准备在阿迷（今蒙自）火车站谋刺蔡锷将军的阴谋，使蔡锷安全地经蒙自到达昆明。蔡锷回到云南后，会同国民党人李烈钧、熊克武、方声涛等人，与唐继尧共商讨袁事宜。

民国四年（1915 年）12 月，全国各派反袁力量的代表人物齐集昆明。滇军上校以上军官与各省知名人士多次召开会议。12 月

21日，又召开首义前的第四次会议，对袁世凯下了最后通牒。提出“限其24小时答复。如届时无答复，无圆满之结果，即以武力求最后之解决”。随议组织临时政府及各种军事计划。次日（22日）夜10时，唐继尧又召集外来同志诸人，并本省上校以上军官及各机关长官，开第五次会议于将军行署，蔡锷、李烈钧、黄毓成等38人参加，共行宣誓。其誓词：

> 拥护共和，我辈之责，兴师起义，誓灭国贼。
> 成败利钝，与同休戚，万苦千难，舍命不渝。
> 凡我同人，坚持定力，有渝此盟，神明必殛。

宣誓完毕各自签名，歃血为盟，众三呼万岁而散。黄毓成回忆当时的情景时说：“那时我31岁，一腔热血，誓灭国贼，真有不战胜毋宁死的决心。”25日，云南都督唐继尧宣布云南独立，共同发出讨袁通电，首先发起武装讨袁的护国运动。组成护国第一、第二军，出兵川贵和两广。在云南带动下，川贵粤赣湘桂等省相继独立。袁世凯调动十几万军队妄图消灭护国军。在第一、第二军的基础上，唐继尧、蔡锷着手组建第三军，并任黄毓成为第三军第三梯团团长。1916年2月，黄毓成受命编为都督府直辖的护国挺进军。所辖的八个营四五千人，武器多是毛瑟枪及鸟枪等，弹药也不足。临危受命，黄毓成任挺进军司令。当时，龙觐光受袁世凯之命，为云南查办史，率兵万余，借道广西，打算通过百色，从迤南直攻昆明。其子侄龙体乾、龙毓乾则利用其世代为迤南大土司的有利条件，在蒙自、金平一带招募兵丁，胁迫土民，攻占个旧县城。滇南告急。此时的川南战场，护国第一军与近十倍的北洋军苦战，双方处于胶着状态，滇南战事紧急并危及昆明。黄毓成收到唐继尧电，命其率部解滇南之危。黄毓成当即率部星夜兼程，由贵州境他郎州南下，经黄草坝，

朱德委员长在昆明接见黄毓成将军

广西境内的旧州，顺黔桂公路直下百色，截断敌人攻入云南境内两支部队的后路。3 月 4 日，黄毓成命杨杰纵队为前锋，在黄南田与朱朝瑛部遭遇，该地是一狭长形的山谷，朱部据险死守，杨杰亲自率第一营，奋力拿下左岸山顶阵地，黄毓成指挥第二营展开正面进攻，一直激战到夜里，打退敌军的多次反扑。黎明时，黄毓成下令第三营进入正面阵地，并跨上战马，率领一小队骑兵，呼喊冲杀直入敌阵，用马刀左右开弓大砍大杀，劈死敌营长 1 人、排长 2 人、士兵 5 名，敌人骤然不备，大惊溃逃，于是挺进军全面出击，龙军败兵又互相践踏，争先逃命。黄毓成乘势进击敌人的大本营——百色，一直追到距百色 40 公里的塘兴。次日拂晓又攻入城内，迫使龙觐光缴械投降。倒袁胜利后，黄毓成获勋三位，二等文虎勋章。护国运动，迫使袁世凯下台，打倒了又一个新生的皇帝，名义上恢复了中华民国。云南首倡义旗，率先发难护国，在打倒帝制，唤醒人民觉悟上，对全国民主革命起了重大推动作用。它是云南辛亥革命的延续，是辛亥革命精神的继承和发扬，为中国人民反帝制、反封建、反卖国的武装起义斗争史写下了光辉的一页。半个世纪后，朱德同志在昆明接见辛亥革命老人时，深有感慨地说："云南是我的第二故乡，有光荣的革命传统，我永远不会忘记云南。这次有幸重返云南，见到阔别多年的老师、同学、同事，愉快的心情是难以表达的！"朱德委员长还拉着黄毓成的手说，"斐老，吾师……"

尊为革命前辈。这些经历了三个朝代世事沧桑的老人，欢聚一堂，个个心潮激动，感慨万千。李鸿祥先生还即兴赋诗一首赠朱德委员长。诗云：青山一发是滇南，白首相逢慷慨谈。论道经邦动天地，春醪共醉乐猷猷。朱德委员长也乘兴和李鸿祥先生原韵。诗云：

英侵法略视眈眈，
革命当年密密谈。
制度更新歌乐土，
彩云永是现滇南。

事后，黄毓成将军每谈及此事，对朱德委员长诚挚的话语和关怀的询问，仍倍感亲切。

1949 年 10 月 1 日，中华人民共和国诞生，黄毓成在昆明欢欣鼓舞。1950 年初中国人民解放军进入昆明不久，周保中将军邀请李根源、周钟岳、黄毓成三人到圆通山公园凉亭叙话，在阐明了共产党的政策方针后，三人都表示愿在共产党领导下为人民工作。不久黄毓成担任了云南文史馆馆员，后来又当选了云南省第一届政治协商会议特邀委员。

1957 年初，黄毓成由当时副省长龚自知介绍，加入了中国共产党领导下的民主党派——中国国民党革命委员会。

1958 年因病在昆明去世，享年 75 岁。

## “铁脚”“飞人”——罗有拔

罗有拔，旧军人，风靡旧云南的体育明星，被人们称为“铁脚”“飞人”。他参加过民国时期两届全国运动会，并在田径单项中获得好成绩，是叱咤云南体坛的风云人物。

罗有拔会飞檐走壁身轻如燕，这是人们对他功夫不凡的传说。罗有拔把足球一脚踢到紫云梁子（现在的镇沅二中后操场），这是形容罗有拔的脚力有惊人力量的传说。罗有拔能吃下十三四碗米干，这是有人对他食量惊人的传说。更有甚者，边远山区素未谋面的人们也流传着“罗有拔是了不起的人，枪打不着刀砍不进”的说法。罗有拔成了镇沅传奇人物。

罗有拔身材魁梧、虎背熊腰、横眉大眼、面廓清晰，握起拳头，青筋直冒，似有千钧之力，走路时上身前倾，犹如秃鹰捕捉小鸡的雄姿。他步履矫健，常着军装，气宇轩昂，总给人一种不可战胜之感。

人们对罗有拔的传说未必都是事实，然而他在体育方面的成就却是实实在在、可敬可信的。他那精湛的球艺，惊人的脚力和手劲是真实的，是经过不懈努力，刻苦锻炼取得的。1927—1930 年，罗有拔在省师范读书，成绩优良，体育尤为突出，是学校重点培养的对象，对他要求甚严，早晚都进行大运动量训练，负重长跑，脚绑铅袋跳高跳远。每次训练都是大汗淋漓，几乎筋疲力尽，但他坚韧不拔的意志从未松懈，持之以恒，越苦越练。他自备了一件以粗铁丝扣子连成的铁甲，重约十五公斤，穿在身上苦练。不论寒冬酷暑，不管风吹雨淋，都不能终止罗有拔的训练。日复日，年复年，他的运动成绩不断提高，比赛成绩突出，硕果中渗透了他的汗水和满腔的热情，人们为他欢呼，为他自豪。

罗有拔在昆明读书期间，是校体育队和校外联队的主力队员，没有一次重要的比赛缺了他。足球赛场上他是门将，排球赛他是重扣手，篮球赛他是前锋。在昆明一次重要的足球赛中，他在本队球门前六七米的位置接到队友传过来的球迅速起脚，一脚射进了对方的球门，一时众观者声浪鼎沸，喝彩声湮没了赛场，这一绝无仅有的奇迹被登载在翌日的报纸上，传为佳话。从此罗有拔得了一个“罗大脚”的外号。

罗有拔省师毕业后考入卢睿泉主持的教导团。卢好名声，好面

罗有拔

子，本部运动队夺得锦标，犹如在战场上打败了敌人那样感到荣耀。于是，对“罗大脚”这样的主力，总是倍加爱护，尽量支持，悉心培养，罗有拔的运动技能进一步得到提高，成绩显著。

1932年秋，罗有拔从昆明回镇沅振太探亲，时值思普区专员禄国藩在普洱举行专区体育运动会，罗有拔邀集了李少坤、李昆元、张世炳、刘国炳、庸绳武、陈丹桂、姜继皋等一批振太的体育爱好者组成“景星队”前往参加。到普洱后又和按板井队联合组成“景镇队”，共44人。对垒的有普洱队、墨江队和元江队。其他队得知景镇队里有罗有拔、罗怀玉等曾出席过全国、全省运动会的优秀运动员时，颇为震惊，随即要求大会组织者限制参赛者的参赛项目不能超过六项等。运动会热闹非凡，观者众多，场外掌声不断，足球赛时，“大脚”发挥了无可抗拒的威力，美号“小飞机”的罗怀玉如疾风骤雨，节节胜利，一举夺魁。排球、篮球赛，景镇队均是劲旅，夺了第一名。田径项目，罗有拔的三级跳远、撑竿跳高、铁饼、铅球、1500米跑，罗怀玉的400米、800米跑，第一名自然是非他俩莫属。按总分计，景镇队得了全胜，大会发给集体优胜奖证书两个，一个颁给景星队，一个颁给景镇队，景星队把它献给母校——太和小学。直到新中国成立后，景东二中的办公室内还摆放着这件亮铮铮的荣誉证。

罗有拔的体育成绩与日俱增，成了当时云南体育健儿中的佼佼者。国民党政府于1933年9月在南京召开第五届全运会，罗有拔、欧阳生等被作为主力队员应邀参赛。

1935年10月，国家第六届全运会在上海召开，云南只派两名选手参加，一名是罗旭光（即罗有拔），一名是赵泽新。当时《申报》载：“罗系参加跳远及三级跳远二项，赵系加入1000米及200米竞赛，两君均曾创滇上项运动之新纪录，闻成绩可与国内名将相埒，山国出强，将于此二君见之矣。”1936年在昆举行的全省运动会，罗有拔撑竿跳高、三级跳远、跳远三项独占鳌头，一时名声大噪。

罗有拔的足球运动也从未间断，国民党远征军20军的足球队与云南队比赛，罗有拔自然是云南队的主力之一。这次球赛吸引了各界关注，国民党在昆的将领、重要官员均到场观看。

王昌锡（新中国成立前曾是云南省教育厅体育督学）在一篇短文中写道：“罗有拔是踢足球的健将，昆明的体育爱好者，谁不知罗大脚的声誉。”

1947年12月，号称全国“球王”的足球名将李惠堂率香港青年足球劲旅入滇与云南队对垒。云南队的主力中，有三人是镇沅人，一是铁脚神威罗有拔，二是敏如灵猫、猛似老虎人称“地老虎”的王昌锡（这场好斗，就是他踢进一球），三是李发宽，他球技不凡，左脚出奇制胜，被春城人誉为“左脚定金山”。这场球赛，云南队委以罗有拔堵切“球王”之任，观者如潮，千百双眼睛都集中在“球王”及罗大脚身上，欢呼声、喝彩声不绝于耳，这是当时目击者吴学跃等言及的。

那些年，罗有拔、罗怀玉、王昌锡等青年，对云南体育运动的促进推动是不可低估的，在他们的影响、敦促带动下，云南省、昆明市陆续成立了领导体育运动的组织机构，划拨专款增加和改进体育设施，加强体育师资的培训。云南的体育事业有了较大的发展，开始有选手参加全运会的单项比赛。

罗有拔是个书法爱好者，在昆明时常临帖习字，他的字雄健挺拔，习作曾寄给祖父，笔法章法俱佳。

罗有拔为人谦虚，态度和蔼，平易近人，不摆官架子。他在龙云部队官至副团长，回到家乡总与庶民坐阶同乐，与人交谈常常面带微笑，对过去老师及邻里总是彬彬有礼，对同辈人则诙谐趣言、妙语横生，每当他到人群中，气氛立即会变得异常活跃。有一次他回乡，军装的肩上有一条肩带，村人不解，问其有何用处？他回答“好抬轿”，逗得大家哄堂大笑。有拔喜欢孩子，遇到孩子们便蹲下来与其嬉戏玩乐。在田边地角遇到老农，他就坐下来问长问短、说这说那，有农民笑着问他："有拔不会吸老草烟吧？"他却毫不犹豫，接过草烟锅吧嗒吧嗒咂上几口。

文索村尾有条小街，那是罗有拔倡导、筹划开办的。为了发展乡间商业，为了进一步发展街市，罗有拔邀集了文索、平掌两村的乡绅进行商议，并划出自家的茶地10余亩为街址，申报旧政府批准后，建房两排，均做小吃店、小卖部、小百货，不乏兴旺，马鼠日赶街，货郎络绎不绝。

1945年日本投降，罗有拔到越南受降回昆，在昆读书的李光祖、李开唐曾与他在一起拉家常，得知罗所在部队即将开赴东北打仗，罗常露不快，曾对李光祖讲"自己人打自己人"，已知内战即要爆发，罗立意改甲归田。

1946年，罗有拔离开了龙云部队，1949年末回到故乡躬耕于畴。1950年罗有拔受聘到景东二中任体育教师，这时他已近不惑之年，但与青年嬉戏的习惯一如往昔。一天，在后操场边的草坪上聊天，二十多岁的青年教师和他戏言："你现在是落夕阳啦，不是罗旭光了。"他像个大娃娃，运运气，拉开马步，说声："来推推看？"青年围上来，又推又拉，他却像座铁塔，丝毫不动，他迅即一扫堂腿，青年个个倒地，继而一片笑声。

1950年5月，随着镇压反革命运动的深入，有人曾暗暗与他交谈时局，约他远走他乡。罗有拔说，没有做过伤天害理的事，怕什么？但历史也会有不公正的时候。1951年2月，罗有拔以"国民党军官""企图反动"的罪名被捕，同年4月11日，被以"反革命罪"判处死刑，被枪毙。

1987年，中共景东彝族自治县县委落实政策办公室做出《关于罗有拔同志被错处的纠正决定》，给罗有拔恢复政治名誉。

# 远去的古盐井

那年头，凿一眼盐井谈何容易，盐井均是人工用铁锄、铁杆、铁锤一锄、一杆、一锤捣碓出来的。不少掘盐人为凿一眼盐井，有的需要历经几年，耗力、耗资巨大，有的甚至倾家荡产，弄到山穷水尽也掘不出一眼盐井，有的为掘盐井永远成了埋在盐井里的化石。

在薄雾中走进按板井，站在荒废的老城中，老城支撑的低矮天空让人感觉很多东西正在按板井盐的滋味中远去，而一些东西还在，比如古盐井，以及住在古盐井口张望的熬盐人的后代。

回眸远眺，天之涯传来沉闷的声音，眼帘中重现那一双双结实有力的大手，正在锻造着千古的辉煌。晶莹剔透的纯白锅盐块，噙着他们的泪水和汗水，走过四季走过高山河流，走过风雨走过城镇乡村，一直走到昨天。不要忘记，我们的血液里有祖先殷殷的希望和梦想，经过多少岁月的清洗，沉淀了多少星辰，凝固了多少辛勤的汗水，那一坨坨耀眼的晶莹锅盐书写着沧桑和繁盛。碾尽了几许风吹的纹路，磨平了几许尖刺的锋利，触摸着发亮光滑的铁器、石器和木器，一件件仿佛在述说久远的勤劳和智慧。

是的，古盐井是人类智慧的产物。

盐有“百味之王”的美称，早在上古时期，盐是比金子还值

钱的“天藏之物”，古代时可以说“得盐者得天下”。《中华五千年史》认为：“炎、黄血战，实为食盐而起。”“炎黄子孙”，这一中国特定称呼的出现正是因为盐，人们对盐的争夺导致炎黄合并。炎帝和黄帝本是两个原始部落首领，据《史记·五帝本纪》记载，他们是在“阪泉之战”后才整合到一起的。接下来，黄帝与炎帝联手，通过“涿鹿之战”，打败了东夷九黎族首领蚩尤，从此中国大地上的大小部落走向联合统一，形成了“华夏民族”，进而有了“中国”。

镇沅盐井的产盐历史始于何时，已经没有确凿的考证，史料中只有一段始于雍正元年（1723 年）的民间传说，古时候按板山脚是荒无人烟、荆棘丛生的绿荫泥塘。茂庆、杏城、二道河、茫杏农民的牛放牧时总爱朝绿荫塘跑，牧民觉得奇

熬　盐

按板镇老
盐井遗址

怪，就跟着牛去看个究竟，绿荫塘边有什么好吃的东西吸引牛？一看才知道牛跑去绿荫塘是去喝水的，这里不但牛喜欢来喝水，野兽也常来喝水。放牧人盯着有些浑浊的水好奇，去尝试那水到底有什么特殊味道，一喝才明白那是一股自然从山肚中流淌出来的盐卤水。这是大自然赋予人类的宝藏，因为那牛，那野兽，按板人俯身溪水边的泉眼，捧一捧泉水喝下解渴，才偶然发现这块自然盐卤丰产的宝地。不难想象，在这片高原上，发现了自然盐卤水无疑就是淘到了金子。于是，按板山脚下就出现了掘盐井的人流，人越聚越多，村寨出现，农田出现了，大批的盐被骡子驮出了山，换回了富足的生活物资，也就出现了富足的按板井。

古盐井神奇但并不神秘，早在雍正元年（1723 年）南丘人发现一股在溪涧自然流出的盐水，百姓用自然流出的卤水建灶架铁锅熬盐。到同治元年（1862 年）在南丘开始人工錾凿盐井采盐卤，那时的井只需挖上几十米就可以挖到盐

❶ 田坝老盐井汞洞

❷ 田坝老盐井遗址

盐 块

卤，用人工从几十米深的井下背出盐汞，化卤水后熬成锅盐饼，那时南丘已经因盐富庶兴旺，名扬四方。南丘第一口錾凿的盐井叫开宝洞，随后井盐生产逐步扩展，錾凿了永盛洞、长安洞，南丘就因此获得了南丘井之名。乾隆、嘉庆及清末、民国年间镇沅的盐业得到大力开发，外省入滇移民举家迁来南丘等地开淘錾凿盐井，铺设置灶，盐井已达数十口，成为滇西产盐重镇。

那年头，凿一眼盐井谈何容易，盐井均是人工用铁锄、铁杆、铁锤一锄一杆一锤地捣碓出来的。不少掘盐人为凿一眼盐井，有的需要历经几年，耗力耗资巨大，有的甚至倾家荡产，弄到山穷水尽也掘不出一眼盐井，有的为掘盐井永远成了埋在盐井里面的化石。

镇沅盐场历史上打了多少眼井？仅带井字的地名就有田坝的恩耕井，按板的茂爱井，红星的尾井，勐大的大井、小井，磨腊井，黄庄井等。镇沅的这些古盐井，井径大小不一，且巧夺天工、

千奇百怪，有的就岩石开凿，有的顺岩石裂缝中开凿，有的在溪涧旁开凿，镇沅的古盐井更多的是在山沟中、溪流旁、岩层上开凿。

几百年来，这里因盐诞生了南丘井、按板井、茂爱井、大井村、小井村、磨腊井村等村寨。因盐而修的盐马道，因盐而筑的桥比比皆是，可谓无处不见井，无山不见道，无河不见桥。人们只要听到这些地名或看到这些地方，就可以想象在某个时代、某个地方曾开凿了一眼井，设置了一口灶，开设了一个盐业商号，都留下了镇沅盐业史变迁的痕迹，无不引起人们不尽的遐思。

随着岁月的流逝，镇沅的盐井和盐业发展已走过了它的辉煌年代，古老的锅盐生产方式已被淘汰。现在许多盐井早已坍塌废弃，按板井锅盐不再显耀它独具香醇的美丽，但是，那些封存的古盐井依然还在，我们还能看见古盐井沧桑的面容。

盐卤，不是镇沅得到的唯一恩赐，哀牢山中部的马邓茶，给予人们祛病消灾、安神解乏的馈赠。回望盐井所在的峡谷，还有深藏在哀牢山腹地的连片的野生古茶树群落，滔滔的者干河水川流其间，给予了这片宝地永不停歇的脉动。

# 古战场厮杀声中的千家寨

现在的千家寨以自然、幽静、和谐取代了古战场上的血腥与杀气，嘟噜河、九天悬瀑安然流淌。那千年的茶树王，野生古茶树群落，有名和无名的草木和花儿，千姿百态，灿烂绚丽。

翻阅史卷，穿越在长满荆棘和原始古木的千家寨，寻找古将士骁勇杀敌的足迹……

千家寨，那是让人联想到厮杀、血腥、死亡……两军对峙，刀兵相见，一鼓怒吼傲苍穹，杀声连天的地方。

然而，那一切厮杀、血腥、死亡早已远去，成为历史，化作沧桑。

沙场秋点兵，曾是多少男儿少年的梦想。铁马金戈，驱驰千里，何其恢宏浪漫。虎帐谈兵，挑灯论剑，又何其雄姿英发。在千家寨拼的不是智谋，不是武力，而是尊严和忠诚。生与死，胜与败，已不再重要。重要的是保持人的尊严，即便倒下也要像宁折毋弯的长戈。重要的是固守一腔忠诚，即便碾入黄土也要像奔流到海的嘟噜河。站着，像一座山；倒下，像一川水。这种信念，若非经过古战场的洗礼，若非经过锋刃如霜的检验，是很难一经形成便成永恒的。

千家寨古战场只是镇沅古代兵家厮杀的一角，透过千家寨古战场，我们还能读到镇沅各地古战场的文史资料。迄今在恩乐、者东、九甲、古城、按板井、勐大等地仍遗有古代战事时构筑的夯土城墙的土堡、碉堡、壁垒、战壕、防御城墙等遗址，九甲“千家寨”原始森林中还保留有防御城池遗址，均是黄土悬崖冲沟和夯土成墙的土堡，城堡均依悬崖而建，尽可能借助悬崖代替木、石料筑城墙，构造既险要又经济。这种要塞的构筑方式古来就很是罕见。遗憾的是千家寨古战场和其他古战场一样仅有古城墙垣遗存和碉堡的残墩了。

寻芳古刹声中的千家寨，我们把视觉移回到清同治九年（1870年）十月，清军调集两万余人官兵镇压恩乐、者东、九甲、古城、按板井和新抚等各地农民起义军。此时，在弥渡密滴帅府的李文学紧急召集杞绍兴、李学东等义军头领商

议，要和清军决一死战。他们预测清军必定进犯哀牢山者干河一带，又必经九甲。于是起义军将领李文学决定，在九甲千家寨一带设下埋伏，歼灭清军。李文学派哈尼族将领徐东位率领一支队伍从者干出发，直扑九甲正面迎战清军。由刀成义率领一支队伍从戛洒出发，绕道清军后面，截断清军后路。派杞彩云率领一支队伍从锷嘉出发攻击清军侧翼。三军到达指定位置后，在要道设置“木石船”，并埋下大量炸药。清军两万余人在李应元、孙世恒的指挥下，浩浩荡荡开往九甲千家寨一带。清军缓缓进入义军伏击圈，哈尼族将领徐东位一声令下，农民起义军立即砍断藤条，“木石船”

上的石头从悬崖和山坡上噼噼啪啪朝清军滚下去，砸得清军东倒西歪哇哇直叫，四处逃窜，顿时大乱阵脚。起义军又把埋在山坡上的炸药引爆，炸得清军血肉横飞。农民起义军乘势跃下山坡冲杀，清军狼狈后逃，又遭到杞彩云部的拦腰截杀，散兵遭刀成义率部追杀。两万清军几乎被歼灭殆尽，李文学率领的农民起义军获得全面胜利。当时农民起义军和清军千军万马在此地交战，故此称之为“千家寨”。

哀牢山巍峨苍翠的千家寨群峰独秀，秀甲一方。山势之陡峭几成直线，峰顶之高雄几与天接。千家寨地势之险，以其中部为甚，此处又正是九天悬瀑的所在，当地人呼之大吊水。山上古木参天，野草青翠，间或以嶙峋怪石镶嵌其间，真是险绝奇绝。

千家寨最妙之处还是两峰之间轰然而下的九天悬瀑，它如同一条从苍穹俯临人间的小白龙，从炫目的云间咆哮而下，那耀眼的银色和四野的翠绿极大地冲击着你的视觉审美。那轰轰的绝响充盈在天地之间，使你为之战栗。那些“碎玉”快要抵塘时，在阳光的照耀下，形成一道道或浓或淡的小彩虹，美艳至极。微风拂过，那被掀起的阵阵乳白色柔和的气浪向你扑面而来，那么美好，那么纯粹，那么可亲可感！

站在轰然而下的瀑布面前，那轰轰的绝响叩击着你心灵深处最深邃最隐秘最复杂最不为人知的所在，让你在这自然界最丰盈最纯美的歌吟里感悟生命的大寂寞。你那习惯于光怪陆离的世态的浑浊不堪的眼，此刻，一定会为这洁白，这天地间最本真的色彩而感到炫目，你会羞愧——为昨日的自己！你身上所有丑恶的东西仿佛被这呼啸而下的流水荡涤殆尽，“纯净如我，才能在天地之间来去自如”。你受到大自然醍醐灌顶般的亲切教诲，这种恩惠正如佛家所言，是要讲求因缘的。而你，如果有缘能来到此地，如果能用心去细细冥想，就会如同惠能那样，在瞬间顿悟许多世间的纷扰，岂非

千家寨图腾柱

千家寨嘟噜河

天意？

现在的千家寨以自然、幽静、和谐取代了古战场上的血腥与杀气，嘟噜河、九天悬瀑已然安逸。那千年的古茶树，野生古茶树群落，有名和无名的树木和花儿，千姿百态，灿烂亮丽。如同重兵压境的将士一样，不管他们是有名的将领还是无名的战士，都是勇往直前，呈现出生命的旺盛霸气！皆为人类书写着进步的华章和历史的精美文字。

# 勐统河畔的枪声

滇南，中国人民解放战争的枪声，在镇沅勐大圈田街松山响起，又在圈田街勐统河畔消失。从此，中国的国土上那种残酷无情的厮杀一去不复返。

站在洒满鲜血的勐大圈田街松山战场上，眼前浮现出那浓烟滚滚，炮弹横飞，喊杀声、火炮声，震耳欲聋的场面。

圈田街松山，永远见证了中国人民解放军第七师官兵和地方武装队员的最后一滴鲜血。

镇沅人，咋能遗忘，那神圣的，曾经拥有过枪声和杀声的地方——南京街、圈田街。

东西南北的战友，曾在这里相聚和并肩战斗，在这里留下和谱写人生最壮烈美丽的篇章。他们踏遍了祖国的千山万水，到处留下了他们战斗的足迹，他们有过思念，有过胜利后的欢笑，那种喜悦和兴奋是从一场胜仗开始的。他们曾经是排长、班长甚至是勤务兵，他们有过美好的青春，有父母有兄弟姐妹，有妻儿老小，有美丽可爱的恋人。然而，在冲锋陷阵面前别无选择，前方是敌人、炮火连天的虎口，后方

第三十七师师长周学义

是战友、父老乡亲的安危，在进如胜退如败的生死面前，生为祖国欣欣向荣而生，死为祖国的解放事业而死，在南京街、圈田街追歼战中牺牲的战友永远定格在青春的容颜里，他们是最有资格骄傲的人。

滇南，中国人民解放战争的最后一声枪声，在镇沅勐大圈田街的松山响起，又在圈田街勐统河畔消失。从此，中国的国土上那种残酷无情的厮杀一去不复返。

英烈的灵魂永远躺在了南京街、圈田街，我们肃穆于墓碑前，永远不会忘记那段血洒疆场的历史。

1950 年 1 月 26 日，中国人民解放军第三十七师师长周学义，副师长吴效闵率领 110 团 1 营和 109 团 3 连共四百多名战士，在滇桂黔边区纵队的配合下，长距离追击由元江逃往镇沅方向的国民党第 8 军前卫 170 师三千余官兵。国民党第 8 军前卫 170 师在元江遭到解放军强力阻击后，往镇沅方向溃逃。解放军于 2 月 3 日在镇沅古城南京街追上国民党逃兵，随即同国民党兵展开激烈战斗。战斗一开始，国民党官兵凭借有利地形顽固抵抗。当晚，边纵 9 支队 42 团也从新平增援到南京街参战。在激烈的战斗中，国民党官兵损失一个后卫营。敌师长孙进贤为摆脱战斗中的困境，立即组织敢死队，向解放军洛阳英雄连占据的青石山阵地反扑，企图打开缺口夺路而逃。双方经过反复拼杀，解放军连长受伤，全连人员伤亡过半，子弹已经耗尽，剩下的官兵取用石头几次打退敌人，后双方展开肉搏战。在相持阶段国民党师长孙进贤命令不足一营的兵力全力拖住解放军主力，他率领两个主力团向按板井、勐统方向继续逃窜。南京街战斗 3 月 4 日结束，全歼残敌 100 余人，俘获 300 余人，解放军牺牲35人。

孙进贤率领两个主力团向镇沅勐统方向逃奔而去。

1950年2月1日，镇沅截获国民党第8军残部170师向镇沅方向溃逃的情报，县人民政府立即通知各区加强阻匪迎战工作，动员民兵准备投入战斗，并由副县长兼武工队长易永泉于2日率领40多名武工队员到帮坑河伏击。4日上午，国民党孙进贤师长带领残部沿帮坑河、三岔河、磨庆往勐统方向逃窜，到达帮坑河时，遭到武工队猛烈伏击，被俘20人，缴获步枪22支，子弹300余发。下午，中国人民解放军周学义师长率追歼部队追到县城按板井，周师长立即召开县政府、边纵41团、武工队、盐管会等单位负责人参加的紧急备战会议，弄清敌军去向后，决定以主力部队为主，地方武装配合，继续追歼国民党孙进贤部逃敌。当晚，由盐管会负责人唐德英等做向导，带领周师长及主力部队连夜急行军到勐统。5日清晨，解放军部队已超过孙进贤部，占领了勐统镇，堵住敌人逃路。当夜同时出发的县武装大队也在2日上午赶到圈田街，与国民党孙进贤先头部队遭遇并发起激烈战斗。中午，周师长指挥的解放军部队分两路从勐统街返回圈田街西北翼的玉龙寺山和东翼的鹦哥塘梁子进行阻击。6日拂晓，边纵41团赶到圈田街，派2营迅速渡过勐统河到大井占领圈田街西面阵地，阻住国民党兵向西逃窜的道路，团部和1营3营迅速占领圈田街以东的思马山、白虎营梁子，阻住国民党兵向按板井溃逃。勐大区模范队和圈田街附近的南康、回短两个村迅速组织民兵600余人支援战斗，为阻止敌人向平掌、大井、振太方向突围，振太区区长雷特带领民兵400余人，与平掌、大井两村的民兵80余人在平

圈田街革命烈士塔

掌、大井一带配合主力部队阻击国民党兵，同时，里崴区也组织民兵70余人支援战斗。此外，景东县委书记张一飞率政工队赶往勐统支援战斗，景谷县凤山区也派出部分民兵途径按板井赶到圈田街支援战斗。解放军、武工队、工人武装和民兵2500余人形成四面夹击之势。战斗从5日上午开始打到6日下午，孙进贤曾几次组织疯狂突围，都被解放军、武工队和民兵打退，在无路可逃，又无粮食的情况下，被迫与解放军谈判。经过双方代表一天的谈判，8日孙进贤被迫率部队缴械投降，整个战斗歼敌300余人，俘虏敌人2400余人。

至此，滇南解放战争的最后收官之战在镇沅勐大圈田街松山告捷。

战争，是历史的悲剧，几十年后子孙们读着历史时却不以为意，那些事离他们很远，安逸的生活让他们彻底遗忘了祖先的叮嘱，失去了战争的恐惧，和平和安逸让人们贪婪起来。生命在那宇宙及历史的长河里是何其的微茫与渺小，笑靥与未来的步履都会化为尘埃。战争、鲜血，这些都是我们无法抵抗的，那么，此刻我们能否因为如此就甘心等待死亡？不，不能。大地流淌过的血，曾经辉煌的荣誉，曾经繁华过的废墟，都化为烟尘。我们要让自己的灵魂纯洁，让自己的心灵真善。

# 尘封的茶马古道

镇沅境内的茶马古道与无量山和哀牢山的蓝天、白云、绿树共存。天是洁净的，是碧蓝的那一种洁净。云是缥缈的，是神秘莫测的那一种缥缈。古道蛰伏在大地上，也蛰伏在无数人的心中，茶马古道永远存留在镇沅人的心眼里。

历史风云已散尽，唯留古道寄幽情。

被历史尘封了的一条古道静静地躺着，躺在镇沅哀牢山和无量山的大山上，昏昏沉睡了不知多少年。

马蹄声凝固了，马嘶声凝固了，赶道行人的话语声凝固了，昔日的一切都被凝固、尘封在了深深的大山里。

可那些茶马古道马帮的逸事却留在了民间。

镇沅境内的茶马古道，自汉代时期因运输茶叶、运输盐巴而起，到明清时期，在西南云贵高原这片神奇的红土地上，一条古道，以云南的某一个茶园或者盐井为中心，蜿蜒向西双版纳及四川、西藏，再到缅甸、老挝、越南、印度、尼泊尔等东南亚、南亚各国，形成了一条连接西南地区的经济大动脉。在这条历经千年的盐（茶）马古道上，盐马帮和茶马帮，在这深山峡谷中跋山涉水穿越雪域。马蹄铁踏在那险峻

的山道上，迸发出了一串串闪亮的火花，马铃声回响在崇山峻岭中，摇醒了无数个睡梦。

一条亘古的茶（盐）马古道走过了上千年的岁月，最终将被历史尘封。无量山和哀牢山的古道渐渐地被岁月侵蚀，被马蹄磨砺的石坑填满了尘埃，很多古道已消失找不到痕迹。看着这些销声匿迹的古道的确有些苍凉，但在镇沅人的心中，古道仍然鲜活依旧，依然没有消失，大山还在，江河还在，被马蹄磨砺过的石坑还在，只不过那些断路残垣已经隐没在了大山深处。

茶马古道在镇沅沧桑的岁月中，闪烁着古朴纯洁的光辉，云贵高原的蓝天白云下，飘浮着神秘圣洁的光芒。茶马古道的传奇色彩，则依然活灵活现地展现在人们的面前。古道沿线那一座座大山，一座座石桥，一条条江河小溪，一个个古老的城镇、村庄、寺庙、客栈、山谷丛林中那深深的马蹄印痕，依然在古道旁马帮人的

赶马人

子孙后代的生活中。特别是由茶（盐）马古道串联起来的各种民族、宗教和文化的融合而形成的独特古道文化，就是祖先留给后人的一个永久的茶（盐）道文化历史博物馆。

镇沅境内的茶马古道与无量山和哀牢山的蓝天、白云、绿树共存。天是洁净的，是碧蓝的那一种洁净；云是缥缈的，是神秘莫测的那一种缥缈。古道蛰伏在大地，也蛰伏在无数人的心中，古道永远存留在镇沅人的心里。

古道从广义上说不是单一的茶马道，而是茶叶、盐、丝绸、药材、皮草等生活用品的贸易通道，横贯无量山和哀牢山的镇沅古道成了东西南北贸易的丝绸之路。据史料记载，在明清时期，古道最为兴盛，大致来说，古道的主要线路有两条。一条是滇藏线，从南起云南的普洱，经大理、丽江、中甸（今香格里拉）、德钦到西藏的左贡、邦达、昌都、洛隆宗、拉萨，再到缅甸、不丹、尼泊尔、印度等地。另一条线是川藏线，从四川的雅安，经泸定、康定、巴塘、昌都、拉萨，再到尼泊尔、印度等地。在每一条主道上，形成了一个个以古驿镇为中心的辐射周边的网络。古道长达数千公里，马锅头赶着上百匹的马队或牦牛，跋山涉水，风餐露宿，来往一趟长达半年之久，更有一些长年在古道上奔波，终其一生，铸就了古道的辉煌。

云南镇沅的南丘盐井是西南边陲重要的古井盐产地，早在百年前，南丘就开始产锅

茶马古道

拴马绳

盐。南丘因盐而兴，南丘井成为云南的重镇。明清以来，南来北往的驮盐马帮、盐商，络绎不绝走南丘。马帮将运来的货物在边地出售，再将食盐、茶叶、药材等购进，沿着横跨镇沅的古道，将货物运往各地，在众多驿道中横贯哀牢山、无量山，跨越澜沧江的这条驿道是历史最久的古道之一。

茶马古道促进了边疆民族与内地的大融合，形成了独特的地域文化。茶马古道成了一条边地的商贸古道，也是一条连接各民族之间的彩带。古道带动了各民族商贸文化的融合，逐步形成了独具特色的民族文化形态。

站在这条日渐销声匿迹的古道上，看着古道石板上深深浅浅的马蹄印痕，深沉地诉说着历经千年的风霜。古道虽然几经沧桑，昔日不再，但因古道而兴起的古镇、寺庙，以及流传千年的那古道上可歌可泣的传奇故事，成为千年兴盛沉淀下来的一个深深的印。

驻足思忖，千百年来，在古道上行走的马帮是古道的开拓者。在古代，马帮是中国西南山区特有的交通运输方式，也是镇沅境内茶马古道上一道壮观的风景线。

1 拴马石

2 驮盐马帮

# 镶嵌在山崖上的古石桥

百年的守候，只为桥下的水流、桥上的马帮和商人。马帮、商人在朝雾里挥手告别，暮霭中翘首相望，河谷间有月色下呢哝的情话。桥面石块上踏过的脚步或稳健，或轻快，或踟蹰，或急促，异样的脚步声还在回荡。

用石头砌成一种姿态，连接崖壁筑成空中彩虹，就叫作桥。

锻造丝绸之路的古人，蹚过千山万水，驻足河流峡谷的山崖沉思默想。筑桥的呼喊唤醒了沉睡的山、静默的水。于是，河流峡谷畔热血沸腾，空旷的山谷里，汩汩的水面上便飘荡着强劲的斫击声和浑厚的号子声。锤击钎斫下，一块块粗重的精石仅凭血肉之躯搬运到河流峡谷之畔。精心设计，巧妙布局，又是一番精敲细凿，在叮叮当当的敲斫声中，不用任何黏合泥料，貌似随意堆砌，实则匠心独运，一座座独具风格，精巧又略显粗犷，基座歇在谷间的崖壁上的拱式石桥在河流峡谷的山崖上出现了。

镇沅的难搭桥和玻烈河桥就在这样的时代背景下诞生了。

一桥悬挂崖壁，成就千秋功业。百年的守候，只为桥下的水流、桥上的马帮和商人。马帮、商人在朝雾里挥手告别，暮霭中翘首相望，河谷间有月色下呢哝的情话。桥面石块上踏过的脚步或稳

健，或轻快，或踟蹰，或急促，异样的脚步声还在回荡。

镇沅的难搭桥和玻烈河桥，是山崖与溪水最精妙的结合，是智慧和仁爱最完美的结晶。它集山石之精英，扼水流之紧要，汇人工之匠心，度世间之仁爱，朴实厚重。难搭桥始建于清光绪六年（1880 年），镶嵌在约 30 米高的谷崖壁上，单孔跨径 7 米，长 10 米、宽 2 米多。玻烈河桥，因石桥横跨玻烈河而被称为玻烈河桥，于清道光十七年（1837 年）由群众集资修筑，结构为一拱石

振太难搭桥

振太难搭桥

桥，跨径14米，桥宽4米，悬在10多米高的悬崖上，两座石桥气势宏伟，独具一格。说到镇沅境内的古桥，生于斯长于斯的镇沅人，免不了要提及广恩桥。广恩桥是古时镇沅最大最长的一座标志性桥梁，横跨恩乐河，石墩木架，桥长57丈，桥面两侧各建有25间木屋商铺，中间是人行道和驮马道，是一座人马道与商铺融合的特殊桥梁，始建于康熙三十二年（1693年）。清康熙时修建的桥梁还有旧州城东的殷春桥、朵河桥，旧州城南的恩耕桥，旧州城西的聚义桥，旧州城北的观音桥等。这些古桥各具特点，有的是宫廷桥，有的是民桥，有的是祭祀桥。有的气势宏伟，有的独具匠心，有的小巧玲珑，有的粗犷而随意。

古人造物的匠心，让人思慕。

遗憾的是对这些古桥的记载可谓寥寥无几，我们只有从细数流年过往，沧桑的容颜中见证古桥太多的风花雪月和演绎的太多风流韵事了。如今，风蚀雨剥下，古桥悄然疲沓。人类文明的进步，机器鼓噪的轰鸣声破碎了古桥沉醉安享了上百年的梦。生活的节奏已然打乱它们沉稳的阵脚，生硬又毫无情面地把它们撂在荒废了的既邋遢又疲软的乡野山间狭道上，任由岁月无端地撕啮。它们曾沟通万水千山，迎送成千上万的马帮和商人，却怎么也跨不过岁月的长河，犀利的岁月已把它们的容颜冲蚀。往日的风光不再，曾经的容颜已改，古桥渐渐落寞了。然而这一切的一切都化作桥下消瘦的流水，付与无端拂过桥面四季的风。

今日，我们惊艳，一桥飞架南北东西，天堑变通途的高效时代，在镇沅的河流峡谷中矗立起了一座座注入现代高科技的桥梁，真是雨丝不解风景异，风绪哪管日月新。2014 年秋末，在熔金黄昏的落日前，我们一腔寻梦，踏上难搭桥涓细的青石板面悠悠闲步，倾听难搭桥下清流浅濑的溪水声，站在桥上循着桥下延伸的溪流，溪流上方不远处瀑布躲在绿荫下浅飞，是一屏晚霞笼罩的山崖。从天空中投洒下来的数道金光，映照在桥面被踏磨得光亮如镜的青石板上，石桥便如镀了金的青铜器，古朴中透出典雅。我们注目古石桥，从此，痴情的古石桥再也体会不到往日那风调雨顺的情调了。即便桥上的青石板和溪水如何声嘶力竭地召唤，也招不来那匆匆离去的脚步，唤不回那趔趄前行的背影。当然，我们为它庆幸，嵌在乡野山间的古石桥亦偷了个闲，除了桥下潺潺的溪水声和桥上石缝里疏朗的虫鸣，周围一片宁静。

静默桥上，思绪随着柔和的风，飘得好远好远。

# 古道上的狗碑

藏獒的忠诚义举震撼了所有赶马人的心，他们自觉无声地走到藏獒的遗体周围低头肃立着，马锅头神情凝重地摘下戴在头上的毡帽，为忠诚的战友肃立默哀。粗犷的康巴汉子装上火药、扣动枪栓朝天空鸣枪，几百匹马排成整齐的方队仰天长嘶，超度和告慰忠勇的亲密战友——藏獒。

狗碑，这是滇藏茶马古道上的一个传奇。

茶马古道上的主角，除了赶马人和马，还有马帮的狗。

狗，是主人忠实的伙伴，是马帮的护卫者。古道上除了连绵不断的雨雾、险恶的崇山峻岭，还不时有豺狼虎豹以及土匪的骚扰。在多达数百匹骡马的马帮中，狗负责驱散沿途的野兽，夜里马帮宿营时为主人放哨。

米兰·昆德拉说过：“狗是我们与天堂的联结，它们不懂何为邪恶、嫉妒、不满。”

狗碑的故事充满感情，而它更是拥有一种不容抗拒的魅力。狗的命运，牵连着人的命运，很多时候，人不如狗。

清末，一支上百匹的进藏马帮从普洱启程返回西藏，途经磨黑，走古城过玻烈河桥，沿着有礼山梁子的马道上玻烈村的途中，遇到了一场罕见的狂风暴雨，马帮队伍踩着泥泞走得异常艰辛。好

和平金山丫口藏獒雕像

在沿途有那条常年跟随马帮往来普洱与西藏之间马道的藏獒在前引路，才使马帮不致在原始森林中迷路。待马帮历经艰辛爬到玻烈村时，天已经煞黑，人困马乏，在前引路的藏獒也累得直吐舌头。在玻烈村口，赶马人看到玻烈村霍铁匠铺里炉火热烘烘烧得正旺，炉火旁坐着熟悉的老面孔。此时，一路跋山涉水的马帮恍如隔世。歇下马脚，走进霍家铁匠家，霍老友热情迎客，摆上麂子肉干巴，端出热腾腾的炖牛肉，抬上一大坛糯米香酒，围着热烘烘的火塘，热情地款待了这支马帮老友，马锅头则与霍铁匠开怀畅饮至深夜。

第二日，东边远处哀牢山顶上的古树冠间透出淡淡的晨光

时，尚带三分醉意的马锅头匆匆告别霍铁匠回到马帮，清晨上路时他仍带着宿醉，马锅头一声吼，带上马帮匆忙启程赶路，一时间有礼山霍家垭口人声、马铃铛声和锣声响彻云霄，喧嚷声渐渐远去，马帮渐行渐远，最终消失在霍家垭口。

浩浩荡荡的马帮依然前行，日头升到正顶，马锅头的酒力才消散。当日再次宿营时，他发现挂在身上存放金银的钱袋子不见了，想想昨晚酒醉，兴许不小心把钱袋丢失在玻烈河有礼山的丛林里了。此时已经远离玻烈，庞大的马帮已不可能再折回头去寻找钱袋子。再次启程出发的时候，马锅头发现跟随自己走南闯北，走过千山万水，一直形影不离的藏獒也离奇地失踪了。他派人在附近的山林中四处寻找，但没有发现藏獒的影子。马锅头想藏獒是丢不了的，它会跟马帮的，但马帮回到西藏，忠诚的藏獒始终没有跟回来。

第二年春天，这支马帮又从西藏出发来普洱贩茶。马帮再次来到玻烈村有礼山霍家垭口歇脚，一个马脚子去森林中方便，无意间发现离他不远处，有一只趴在石头上的狗，吓了他一跳。待他冷静下来仔细一看，那狗一动不动，慢慢上前察看，才发现狗已经死了，而且是好长时间了。他便大声喊叫这里死了一条狗。赶马人有些好奇前往探望。当马锅头看到死在石头上的藏獒时，大吃一惊，那不是自己上次走失的藏獒吗？藏獒头朝西藏方向匍匐在一块石头上，遗体已经被日头晒干，黑黑长长的皮毛没有完全脱落，部分地方已腐烂露出了白骨。马锅头想，那么凶猛、智慧、灵敏，生存能力极强的藏獒为什么会死在这里呢？马锅头看着头朝西藏方向死去的藏獒，十分伤心，他走近死去的藏獒仔细地察看着。马锅头愣愣地盯着藏獒尸骨皮毛下的一截绳子，他弯下腰伸手捏住绳子头一拉，站在一旁的所有赶马人呆住了。藏獒的尸身下竟然压着马锅头上次弄丢了的钱袋子。马锅头长叹一声摇了摇头，站在一旁的赶马人眼含泪水垂下头肃穆着。藏獒是为主人守护丢失的钱袋

子，忠于职守献出自己的性命。

藏獒的忠诚义举震撼了所有赶马人的心，他们自觉无声地走到藏獒的遗体周围整整齐齐地低头肃立着，马锅头神情凝重地摘下戴在头上的毡帽，为忠诚的战友肃立默哀。粗犷的康巴汉子装上火药、扣动枪栓朝天空鸣枪，几百匹马排成整齐的方队仰天长嘶，超度和告慰忠勇的亲密战友——藏獒。

马锅头为纪念忠诚的藏獒，请来附近的石匠，赶马人一起动手，为“义犬”立下了这座嵌刻有“犬冢”二字的石碑，永志纪念。

藏獒的义举传遍了这一带的所有马帮。从此，每逢马帮路过玻烈有礼山狗碑，都要来到狗碑前驻足祭奠，并给它留下丰盛的祭品。安葬有“义犬”的这座大山便有了“有礼山”之名，“狗碑”故事从此世代流传了下来。

# 茶马道上最后的马锅头

最后的一批马帮从杨春林眼前离去，或者说死去，满路的欲望就灰飞烟灭。长年累月，踢踏而来，古道的马蹄窝扣在木讷的石板胸脯上，灿烂如铁花。为茶米油盐奔波，是甜蜜的惆怅，是温馨的痛楚。

马锅头，顾名思义就是马帮的“统帅”。

在云南镇沅，嶙峋的马背，一边驮的是江山社稷，一边驮的是千年梦想。

奔马奋蹄，追星赶月。千年的风景，冷凝于一种追忆和思索，风干成一种敬仰和向往。古道的兴盛，衬托着镇沅振太古运输业的兴盛。清朝末年，甚至上溯到更早些，国内外的商贾云集于此，振太成为镇沅重要商品交易和物资集散地之一。

从此，镇沅振太等地的百姓就悄然开始了骡马运输业的行当。

振太的马帮始于清朝末年，到了民国年间骡马运输业非常鼎盛，前后延续近一个世纪。振太耄耋之年的尚廷才回忆，他在振太最大的马帮里干过 14 年的赶马人。民国初年，振太有影响的马帮有四五十队之多，其中最大的马帮是振太李、吴、王、姜几个家族联合组建的马帮，共有一百四五十个，九百多匹驮马，赶马伙计上百人，每个马队配两个赶马人，马帮开发时犹如一条神龙不见头尾，唯有锣声呼声应和着《赶马调》的曲子在山道间悠扬飘荡，那阵式真可谓气势如虹、震撼人心。

2014 年，旧时代的末代马锅头杨春林，已是耄耋之年，但在他的身子骨上那种马锅头的坚韧依然没有消失，从他的身板上可读到岁月刻在他脸上的沧桑。历经坎坷人生，涉足千山万水，马锅头的那种倔强、精干与智慧依然如故。说到他的马帮，他精神抖擞娓娓而谈，倒不像是近 90 岁高龄的老人。杨春林接过杨家马帮时年仅 14 岁，刚读完高小，一个青春少年便成了 7 个马队 45 匹驮马的大马锅头。真是少年出英雄，残酷的现实家境把他推上了马帮的艰涩历程。14 岁的少年，正如无量山青松英俊潇洒，做着直冲云霄的美梦，阳刚锐气。也许那不是杨春林最终的梦想，他不是叛逆，而是时代和生活所迫，放弃童年生活迫使他不得不走上马帮之路。从妙龄少年变成了帅气的青年马锅头，他一路走来，在马道上走出了人生的哲理，走出了坚韧不拔的坚强意志，走出了一身硬朗朗的体魄，增长了智慧。

历史转瞬即逝，马帮已离我们远去。在镇沅境内振太文平的杨春林是唯一健在的最后的马锅头，他的前半生是在马背上度过的，他从振太走勐大英德，里崴杨梅树垭口到文井上南涧，走巍山进大理。往东走老练翻哀牢山，走戛洒进昆明。走境外过难搭桥，走蛮铁，过南北江，进耿马勐永，出永德、镇康到达境外，还有一条马道走景谷下思茅，过糯扎，再进勐海，出孟连到达境外。辗转泰国、缅甸等国家，滞留境外的佛海、景栋一带，随行就市，进行交易，直至所带去的货物销售完毕。然后又采办一些回头货物，直接贩运到振太和昆明变卖。还有一条古马道从振太秀山的嘎里渡过澜沧江，进临沧，穿云州（今云县），进大水塘、缅林城，翻大梁山再到东丸、旧笋、腊戍一带。一趟马帮出行，少则两三

耄耋之年的马锅头

个月，多则一年半载，风餐露宿，浪迹天涯，马锅头们成了把脑袋挂在裤腰上的特殊人群。

马锅头在人们眼里很是威武不屈，可实际上他们的马背生活是单调乏味的。马道上充满着艰辛和死亡，前途未卜，险象环生，走在马道上每时每刻不得不小心翼翼，如履薄冰。杨春林的马帮和其他马帮一样无一例外都被土匪抢劫和野兽袭击过。在里崴杨梅树垭口杨春林的马帮遭遇过土匪持枪抢劫，当时杨春林组织赶马人英勇反击，穷追猛打。在那场抢劫与反击中杨春林手下的一个赶马人不幸魂飞天外，客死在了杨梅树垭口。叹惜之后，马锅头别无选择，一切还得继续，选择了马帮，辛酸也好，欢乐也罢，都已不再需要任何理由，让命运自由安排去了。当然，远走夷方的马锅头们也会打情骂俏，自得逍遥。每到一地歇脚，哼上几句当地民谣或去跳几脚民族舞蹈是常有的事。像杨春林那样帅气的马锅头，肯定吸引了不少边民妹子的眼球。妹子们那俏丽的身姿也常常让帅哥马锅头杨春林心花怒放，刚烈的小伙子哪有不想妹子的，想入非非的心，按捺不住的激荡……可一想世俗和家庭的尊严，他躁动的心不得不关闭和熄灭，回归理智的现实生活中。

唉！让那些充满激荡的心事见鬼去吧！

时至21世纪，杨春林又站在古老的马道上，用苍老的眼睛盯着深深浅浅的古道上的痕印时，眼前依稀浮现出了赶马汉子的身影，耳边回荡起赶马汉子的吆喝声，心中掀起豪情万丈。一群赶马的人，把日子安放在马背上，驮满茶盐米粮，感受着风雨沧桑，在茶叶和盐巴的往来中打捞幸福的日

全省最长的茶马古道

年轻时的马锅头——杨春林

子。翻山越岭，马蹄声声，一曲茶乡的民谣，在马帮的铃声之外，闪耀着太阳的光晕。

是啊，马帮人行走在这样的苦旅上，道路凶险，不可预测，“古道西风瘦马，断肠人在天涯”，真是命途多舛呐！

最后的一批马帮从杨春林眼前离去，或者说死去，满路的欲望就灰飞烟灭。长年累月，踢踏而来，古道的马蹄窝扣在木讷的石板胸脯上，灿烂如铁花。为茶米油盐奔波，是甜蜜的惆怅，是温馨的痛楚。对故土的思念，是昨日的缅怀和向往，他们的征途是寂寥和苦难的出口。布匹、丝绸、盐巴、茶叶、兽皮，历经了风风雨雨，颠簸在古道上，辗转于茶马互市，负重、艰险、疲惫、惊喜……

我们的祖先，我们的故土，那些故乡的马帮踏破了历史的安宁，回到那个马帮的年代，将那皮肤晒得和土地一个颜色，将皱纹样的橘皮投进背篓，让它远去，远去吧！

## 嘎里古渡

是记忆里有它存在，还是那渡口，还是那斑驳苍郁的渡船，还是那个终究忘不了的渡船老倌。一切依旧只是尘封记忆里的一丝乡音，春江秋月数不清多少个来来往往岁月的帷幕，渡过去的人都渐渐老去，我们只有从江水的倾诉中追忆古渡。

一个古老的渡口，在一个叫嘎里的地方沉默黯然……

一叶木舟，一排竹筏，木桨击水的声音，江面波澜壮阔，如梦如烟，商贩驮马荡舟江上，那种大自然的意蕴无以言表。

是记忆里有它存在，还是那渡口，还是那斑驳苍郁的渡船，还是那个终究忘不了的渡船老倌。一切依旧只是尘封记忆里的一丝乡音，春江秋月数不清多少个来来往往岁月的帷幕，渡过去的人都渐渐老去，我们只有从江水的倾诉中追忆古渡。

走进嘎里古渡，眼前的澜沧江依旧引吭高歌，东西两岸边渡船静泊，古渡朦胧，若隐若现，两岸群山起伏，连绵不断，柳条青藤垂入江中，雾中静默，晨风掠过，柳条青藤绿叶沙沙，让人几乎怀疑置身于人间仙境。旭日东升，晨雾渐隐，江面碧波荡漾，江水抚摸岸边巨石，柳条青藤低吻着江

水，两岸上的村落仿佛被托在绿色屏障之上。

嘎里古渡，是镇沅境内澜沧江上一个连接东南亚茶马古道的渡口，嘎里是镇沅振太乡西边澜沧江畔上的一个小村落。在那说不清的日子，嘎里人望着澜沧江滔滔不绝的江水，听着远道而来滞留江边的驮马嘶叫声和马锅头的吼声，一条似乎与金钱等价的茶马大道连接两岸的念头开始在嘎里人的心头延伸开去。从此，嘎里人就这样开始了征服江面的行动，一次次地砍来竹子扎成竹筏，一次次地漂流涉江，一次次地失败，甚至有人沉尸江中，魂归龙宫。但嘎里人骨子里那种九牛二虎之力也拉不回来的倔强性格，决定了在他们哭过、痛过之后又开始了新的漂流涉江。在嘎里人的抗争中，宽阔的澜沧江终于俯首听命，不再是咆哮的不可一世的阻隔人们走过的障碍。嘎里人家家户户参与摆渡商贩驮马营生，各户按月轮流经营，渡人收银 1 毫，渡牲收银 2 毫。江那边的人看着嘎里人在江上

竹筏摆渡

做起摆渡生意，当然动心了。他们也开始扎起竹筏把江那边的渡客马帮摆渡过来，各摆渡各的，一边不抢一边的生意，一个没有文字的约定就这样形成了。从此，镇沅澜沧江嘎里渡口的名声开始传播开去，江两岸的经贸往来也日见频繁。嘎里人久被尘封的生活方式在外来文明侵蚀下日见改变，但文明的生活也给嘎里人带来了战争的硝烟，嘎里渡口乃至成为兵家之争的重要渡口。

后来，嘎里渡口的竹筏逐渐被木船所代替，但竹筏的身影依然还在，摆渡的船夫由各家摆渡变成了独家统渡。第一个独家摆渡的船夫叫苏国宝，接下来是张信明、苏仁勇，再后来传给三家村的曾应文。说说船夫苏仁勇，他的祖籍是河南开封，原先是某将军的通讯排长，当时不满蒋介石的内战政策，在一次送公函到平掌田土豪大户王体贤家时留了下来。他就这样中途亡命隐归山林，在嘎里娶妻落地开花。苏仁勇长年行伍生涯，走南闯北的曲折经历，铸就了他的干练与胆识，也正是坚韧不拔的意志和彪悍无畏的性格，使他成了嘎里渡口的船老大。苏仁勇识点小文化，还知道鲁迅的“阿Q”，他把来嘎里修路的民工戏称为“阿Q”，因为他们只敢在工头背后说三道四，骂工头的祖宗，苏仁勇说他们有十足的“阿Q”精神。只要有人渡江苏仁勇随叫随到，从来不计较

赶摆青年

时间，甚至太阳快要落山的时候，他也敢渡人过江。老苏喜欢看天上黄昏的日头，日头从西边群山的天际伸过来，抚摸着美丽的澜沧江，抚摸着江岸上神秘古树的景致，老苏也常常在这样的时候解开拴船的铁链，扬篙起帆。当沙滩、江面、树林、芭蕉林，一切都笼罩在雾样的月光下时，他的木船又悄然起航漂回对岸，稳稳地拴在那块大尖石头上。

半夜里，苏仁勇的船工号子，还在澜沧江岸的上空飘荡……

南来北往的文明不断地充斥着嘎里渡口，嘎里渡口不断地改写着历史，嘎里渡口成了马帮从省城昆明穿越哀牢山、无量山走出国门的主要通道之一。景谷民乐、嘎胡，镇沅恩乐、按板、里崴一带的马帮都通过嘎里渡口到达对岸的坡头、帮东出临沧，进保山，过腾冲，走德宏到达境外的缅甸、泰国等东南亚国家进行经济文化交流。因为古渡口，才有了地方经济的发展；因为古渡口，嘎里的昨天才写上了渡口的美丽和辉煌。

1 渡口
2 澜沧江

# 花山营古石仓

花山营，虽然未经雕饰却也奇景天成，有深幽的洞穴、石仓、战壕，有清甜的山泉，险象万千的峡谷，高耸入云的奇峰，神奇动人的传说，真像养在深闺人未识的少女，若得日日与她为伴，岂不飘飘然若仙子耶！

神奇美丽的花山营坐落在按板镇东部十公里左右无量山系的群山中，远眺恰似一座庞大的中世纪绿色城堡，雄峙在群山之巅，墨绿的绿洲托起石山，景色幽静秀美。花山营绿树青山，朦胧山峦间可觅传为古战事遗迹的石仓，故引发人们悠悠思古。

花山营四周是一座座连绵不断的大山，山岭丘壑间长满绿绿的树木，大的像一把绿伞，小的像一个一动不动的士兵。花山营恰似“横看成岭侧成峰，远近高低各不同”。

远望花山营，美丽多姿，那自然灵气的山峰，像集体起舞时的仙鹤。那富于色彩的山峦，像孔雀正在开屏，神奇而艳丽迷人。花山营不仅给人一种稀有美丽的感觉，还给人一种无限神秘感。它有个神奇的传说，远古时代，奔腾咆哮的三江吞噬着大片良田和无辜的生命。人世的悲凉，感动了上苍。玉帝派观音大士从普陀南海运来一批仙石堵口，无量山上鸟语花香，使观音留恋不舍，误了时辰，到按板井东面的一座山上时，忽听到凡尘雄鸡啼鸣，他匆忙遗下仙石返转天庭。这群山仙石年深日久就演变成了奇丽的花山营。

沿着弯弯曲曲的山径而上，山下的炎热就远远地被撇在后面了。迎面送来的高山凉风，立刻会使你感到秋天的凉爽。蓝天衬着高耸的巨大岩峰，在太阳下，几块白云在岩峰间投下云影，就像白缎上绣上了几朵银灰的暗花。那从峭壁断层上、从高悬的山涧淌出来的清泉，像闪耀的银链，在山脚汇成冲激的溪流，浪花往上抛，形成千万朵盛开的山茶花。清泉色如黛味似酒，饮上一口，疲劳顿消。再往上，山径右边有一座巨石耸立，抬头仰视峰顶活像一间人造石屋，形态逼真，惟妙惟肖。“石屋凌空”作为进山的第一景，笑迎游客。

过了“石屋凌空”，一条古战壕蜿蜒盘绕，战壕后面还有石碓屋和石粮仓，大小不同排列着的人工凿打出来的 10 个岩石洞穴，屯粮用石仓 6 个，熬硝洞 1 个，战壕沟 4 处。每个高约 2 米、宽 1.5 米、深 2 米。人工建造的卡哨台、战壕墙和战壕沟，有的壕墙似长城 4 米来高，有瞭望孔。还有许多地面平台、墙土围、宿营地、石梯台阶、石碾、臼石器。在石仓山梁南面两支山脉上，布有小子营、大子营地，有深沟、战壕遗留，宿营地遗址。据有关史料记载，咸丰八年（1858 年）镇沅凹壁村人田仁政领导镇沅、新平、墨江的以哈尼族为主的农民起义军，在整个哀牢山区和清王朝进行了长达 5 年之久的战斗。义军的一部，曾到此驻扎，战壕、石仓都是那时的遗址。后人为纪念义军可歌可泣的英雄业绩，就把这座秀丽的山峰命名为“花山营”。

沿着石梁子而上，在第一峰的顶端，有一小片平地犹如阳台，四周稀疏地长着几棵古松。平台的东面，隔着宽约十丈的深谷，屹立着陡峭如削的一块大石壁——“回音壁”。对着石壁，放声高叫，就立刻有悦耳的回音，在深谷回响，真使人倍感神情荡漾，

花山营主峰

忘其所在。

再往上攀登，山路宛如羊肠，越来越窄，两山之间是深谷，深不见底，只有一条不到一米稍加修凿的傍山小径，紧贴石壁往上伸延，左边是万丈深渊，只能一人蛇形前行。越往上花山营越优

花山营群峰

美，沿着岩峰往下，是蜿蜒无尽的翠绿森林，密密的思茅松像撑天的巨伞，重重叠叠的枝丫，只漏下斑斑点点细碎的日影，穿行在林中，只听见溪流溅起和漫流在岩石上的水声，增添了密林的幽静。在那林海深处的岩峰上，连鸟雀也很少飞来，只偶然能听到远处的几声鸟鸣。

在第二峰的幽谷里，有一天然岩洞，洞外小溪潺潺流淌。进洞不到三尺，面前有一石壁，犹如屏风挡道。只有在近地面处有一米高的孔穴，人匍匐身子可以通过，里面光线暗淡，冷气飕飕。洞穴里是数不清的蝙蝠悬吊在岩壁石隙间，蝙蝠的粪便堆满地面，像铺了一层厚厚的毯，这就是花山营“蝙蝠洞”。

通往主峰的栈道上，有一段山路，用脚一踩会发出“嗵嗵”的鼓声，不禁使人惊奇。传说主峰岩下面山肚是空的。主峰像一根粗壮的石笋，直插蓝天，主峰四沿山峰很少连接，只有一条雾气弥漫深不见底的深谷环绕。两米多宽的深谷切断了上主峰的路，古时候搭了一根独木桥，现在已经荡然无存，依稀留有桥的痕迹可见。无人敢跳过深

谷，这个深谷被称为“仙人跳”。主峰和其他山峰相对高度在50米左右，倾斜度却在70度以上。坡上依稀可以看到人造石梯的模样，主峰的形态酷似桂林山水之“独秀峰”，它的险峻胜过昆明的西山龙门。传说义军撤离时，把辎重就埋在山顶，为防人盗，下山时就把石梯破坏掉。从此以后就没有人再涉足过主峰。

花山营，虽然未经雕饰却也奇景天成，有深幽的洞穴，清甜的山泉，险象万千的峡谷，高耸入云的奇峰，神奇动人的传说，真像养在深闺人未识的少女，若得日日与她为伴，岂不飘飘然若仙子耶！

❶花山营石仓

❷石　仓

# 『飞虎队』机毁镇沅

面对他们，我们怎么能不肃然起敬？他们是伟大的国际主义战士，他们的无私，他们的献身精神，让我们永志不忘。

一朵巨大的向日葵在哀牢山与无量山的头顶高傲地开放，一条河淌过恩乐坝的时候，由此变得金光闪闪，任何一种欲望要抵达这块天空下的土地，都必须从高高的哀牢山和无量山顶上寻找勇气。中国西南镇沅的壮丽山川，游龙一样合拢于此，随便吼一句山歌都是大山的味道，大山上的人们漫步在天空，把日头戴在头顶上，哼一调火辣辣的山歌，一字一句都是坚硬的石头，能把你心灵的峡谷敲得叮当作响。

这就是地处滇西南哀牢山与无量山中段，镇沅境况的真实写照。

……

“我这一生，值了！最得意的事就是打日本鬼子，参加了对日空战。”这是一位“飞虎队”老兵说的。

1944 年春到 1945 年 8 月，“飞虎队”两架运输机在镇沅境内坠毁，一架侦察机在镇沅迫降，一架运输机因耗尽油料无法飞回昆明机场，被迫抛撒物资。

战争告急，日本侵略战争漫延至东南亚。在这危机四伏的时刻，1941 年，中国空军美国航空志愿队成立，由美军退役飞行员陈纳德指挥，因插翅上的飞虎队徽和鲨鱼头形战机而得名“飞虎队”，在中国对日抗战中立下赫赫功勋。

飞虎队，正式名称为“中华民国空军美籍志愿大队”（American Volunteer Group，缩写 AVG），又称美国志愿援华航空队，是第二次世界大战期间由美国飞行人员组成的空军部队。“飞虎队”成立于 1941 年 8 月 1 日，克莱尔·李·陈纳德上校为该大队指挥员，在中国、缅甸等地对抗日本。从 1941 年 9 月至 1942 年 4 月，共 8 个月，40 多次空战，共计击落日机 300 多架。而陈纳德也获得“飞虎将军”的美称。

镇沅不是驼峰航线的必经之地，但是“飞虎队” 飞到滇西反攻日军。1944 年 5 月 11 日前夕至反攻期间，直至日本投降，援华的各种飞机为避开驼峰航线喜马拉雅山脉蜿蜒起伏的大山，频繁往返于镇沅境内上空。

## 古城坠落

1944 年的古城，刚告别冬季，开始拥抱春天。此时，暖融融的春风拂去眼中的沙砾，晶莹的蔚蓝充满了河畔上的古城。突然，一个张着大嘴的家伙从蓝色的天空中坠落在古城村南边的沙坝地上。

那是民国三十三年（1944 年）春季。一架美国援华“飞虎队”飞机坠落古城乡古城村南边的沙坝地上，飞机坠落时被机翼撞伤的攀枝花树至今还枝繁叶茂。坠落飞机为援华抗日战争的美军侦察机，飞机上仅有一名美军飞行员，飞机降落后飞行员倒悬在驾驶机舱，自行解脱安全带后爬出机舱，随后古城保公所的保长左元寿等

“飞虎队”牺牲队员的墓碑

赶到现场急救，飞行员意外生还，还是个蓝眼睛白皮肤的外国飞行员。急救人员和外国飞行员言语不通，急救人员凭美军飞行员衣服上中英文对照的“救护文告”得知是来华参战的美国人，和军民一起救护，左元寿保长和乡亲们对外国飞行员进行了救助，安排其食宿，并将情况迅速上报镇沅县政府，两天后古城保公所把飞行员护送到县政府驻地按板镇，县政府派员将外国飞行员护送到昆明“飞虎队”总部。飞机上的重要部件拆散后送县政府，县政府转送到昆明。飞机上的铝材、钢材等被当地民众拆去加工成刀、斧、盆等生产生活用品。

“飞虎队”

## 瓦桥街飞机抛物

1945年6月末，镇沅县按板镇公所镇长黄克五、副镇长刘瑞华以县府训令，令按板镇第六保保长沈朝堂、副保长彭启真收缴美机抛撒的物品，并将其运送到镇公所。

1945年6月27日，一架我盟方飞机由印度（或缅甸北部）运输支援中国抗战的物资飞往昆明，在飞经镇沅按板镇瓦桥街上空时，发现飞机上燃油不足，为了减轻载重量，以便加速飞抵昆明机场，机组人员将所运载的几十大包物资抛投在瓦桥街一带。镇沅县政府得知这一情况后，立即以县府训令，责成按板镇公所将空投物资收缴、集中、运送至县政府。按板镇公所接训令后马上令杨元富率镇丁前往瓦桥协助保公所收缴、清点、运送空投物资。训令要求，“以后如遇飞机落下物品，务立交来府，如飞行员降落，务须

严加保护”，“此次抛投物品均在该保（按板镇第六保）辖境，务请人民全部交出，不可隐瞒，免其罪咎，以后遇有飞机降落或投下物资须遵上令”。

## 振太坠机

1945 年 8 月，一架“飞虎队”飞机坠落在镇沅振太乡长安村大卢山村民小组与景谷县民乐乡小新街村大河边村民小组之间的一块豌豆地里。飞机坠落前四名机组人员跳伞，落地后得到两地村民的及时救助，并将他们送到最近的集镇振太。在当地政府的安排下，由私立泰和中学（今镇沅二中）老师欧阳天曼充当翻译辗转送往保山。由于飞机坠机地处在高山密林间，交通不便，所以飞机未拆解运回，至今在大卢山兰德刚家中尚有一块机翼。一疑似机轮的轱辘形部件被振太团山小学做钟敲打使用，有的金属物则被村民打制成农具，更多的飞机零部件和金属物则散落在野外或被农户捡回家中。

## 恩乐坠毁

民国三十四年（1945 年）7 月 20 日，三名美国空军飞行员到恩乐乡公所（镇沅民众自卫预备大队第四中队部）向乡长兼中队长黄学海报告，他们是美国空军飞行员，飞机上一共有四人，有一人失踪，飞机在恩乐第一保（大来保）坠毁，请求地方协助找寻失踪人员。乡长黄学海立即向县政府报告，训令第一保保长罗恒章，令他寻找失踪人员和搜寻坠落飞机上的有用之物，派中队队兵刀开武等前往第一保协助救援工作。训令中，黄学海要求罗恒章保长立即派人四处找寻失踪飞行员，如尚还在世，负有轻重伤，均应设法医治，发现遗骸，须速报来本部。与此同时，镇沅县政府、国民政

府航空委员会云南情报所、驻镇沅按板井抗日航空无线电台的许台长等人，得知美机在恩乐第一保失事，立即令在按板井读书的罗保长之弟罗恒贞带路赶往飞机失事地点。在救援期间（7 月 20 日至 8 月），恩乐乡公所多次派人前往坠机现场附近大山搜寻，附近老百姓参与将失事飞机部件运送到镇沅县城按板镇。乡丁及保长等保公所人员负责美机组人员和参加救助人员的食宿。为了鼓励保公所及参加救援人员，镇沅县政府发出指令指出，救助费用由上级政府承担，救助工作结束后要论功行赏。

“飞虎队”的飞机飞经“驼峰航线”，途经高山雪峰、峡谷冰川、热带丛林、寒带原始森林以及日军占领区，这些地区气候十分恶劣，强气流、低气压和冰雹、霜冻，使飞机在飞行中随时面临坠毁和撞山的危险，飞机失事率高得惊人。有飞行员回忆：“在天气晴朗的时候，我们完全可以沿着战友坠机碎片的反光飞行。”他们给这条撒着战友飞机残骸的山谷取了个金属般冰冷的名字“铝谷”。因此，“驼峰航线”又称为“死亡航线”，“飞虎队”绕开驼峰航线飞经镇沅上空减少损失，为的是更多地打击日本侵略军。

面对他们，我们怎么能不肃然起敬？他们是伟大的国际主义战士，他们的无私，他们的献身精神，让我们永志不忘。

# 与耶稣同行苦路

神，征服了人们的心，使人们成为可受教导的人。求神，征服每一位读者的心，使他们成为可受教导的人。阿门！

基督宗教在中国有四次传入的曲折经历，展示了基督宗教与中国文化相互接触、交流、碰撞、融合的漫长历史和独特意义。其长达 1300 多年的在华传播史构成了基督宗教在中国存在与发展的复杂图景。

就基督宗教四传中国的历史而言，在前两次传播过程中，作为西方基督宗教近代历史上宗教改革运动之产物的基督教（新教）尚不存在；而基督宗教第三次传入中国则以天主教各修会为主，特别是耶稣会的作用和影响极为突出。但在基督宗教第三次入华传播的历史过程中，宗教改革运动后发展起来的基督教亦开始来华传教，在中国沿海各省留下痕迹并产生影响。基督宗教第四次传入中国是在 19 世纪鸦片战争之后，这次传播亦使基督教大量涌入中国，并真正获得立足和发展。

❶ 新修缮的教堂

❷ 2015 年度初信栽培布道会

1933 年，德国牧师罗必许带着翻译龙希安（玉溪人）从新平区到镇沅恩乐丙庙村传教。一开始在丙庙野外的一棵红毛树下集中传教讲经（现职业高级中学）。当时传教以行医为突破口，牧师一边行医，一边传教，传导人们信奉上帝，信奉耶稣，加入基督教。当时有 30 多个农民参加了基督教会活动，后来在丙庙修盖了一间草房作为教堂。3 年后，牧师罗必许的妻子也来到了丙庙，她平时教信徒唱《圣经》，每逢做礼拜，传导员传《圣经》，牧师用风琴伴奏。教会在丙中林德文家买了一栋楼房，拆掉丙庙社重新建盖，装修后作为教堂。经几年传教，信徒越来越多，有恩乐、民江、复兴几个村的村民。当时丙庙的甲长彭五也参加了基督教，彭五的哥哥彭有才被立为长老，教徒女多男少人数达到近百人。每逢"礼拜"和"圣诞节"都集中祷告，每月吃一次圣餐。牧师罗必许还在教堂设了奉献箱，凡愿为教会捐资的随时可投钱进去。有的教徒为表示对耶稣的忠诚，死后能升天，就集资，献工献料建盖或修理教堂。5 年后，翻译龙希安返回了玉溪，又来了一个新平漠沙的李先生做翻译，牧师罗必许带着妻子和翻译离开丙庙后，教会由杨必得负责直至西南解放。

罗牧师、任牧师、杨牧师在恩乐丙

庙传教，发展的教徒有长老彭为才，骨干李成配、彭应辉、彭绍仙、杨连山、刀士云、杨金辉、艾文学等人。新中国成立初期教徒发展到百人左右。丙庙基督教会在新中国成立前还受新抚区京平教堂贝开文牧师指导。

新中国成立后，丙庙基督教会活动一直在开展。1958 年，在大办公共食堂时，教堂被改作食堂，但仍然有教徒偷偷在旁边的草房里过礼拜，参加礼拜的教徒时多时少。1966 年“文革”开始后，丙庙宗教活动被禁止，但仍有教徒在家里、在箐边、在大树下活动祷告。1981 年 11 月宣布恢复教会活动。后来在丙庙社，“者文”公路边小梁子上盖了草房教堂，集体进行礼拜。1987 年信教人员不断增多，教会组织教徒将草房教堂改建成了瓦房教堂。1988 年县委统战部邀请了墨江县基督教三自爱委会主任牧师李义到丙庙教堂传教。1989 年 8 月 29 日的施洗，受洗信徒 58 人。8 月 30 日，经教徒选举出圣职人员和教管人员，彭绍仙为长老，李正泉为传导员，白元永为执事。1993 年 6 月至 9 月，李义再次到丙庙带着长老彭绍仙对新发展的 64 名教徒进行了施洗。同时，民主选举调整了教会圣职人员，彭绍仙继续担任长老，选举曾到省神学院学习过的刘正富任传导员，还选举了五位执事。1993 年底开始，由地县有关部门和恩乐镇投资 1.8 万元，教徒也集资献工献料动工新建一幢砖木结构的瓦房大教堂。教堂可容 100 多人，教会周六晚唱《圣经》，周末礼拜，由长老主持，传导员讲经诵经，每月第一个周末为领圣餐日，其他活动有“圣诞节”“受难节”“复活节”。

基督宗教传统将耶稣受难的最后一周宣告为耶稣根本的道路，这道路适用于所有的基督徒。于是“耶稣的道路”就变成了最后日子的痛苦之路，成为“十字架之路”。

对于教徒有一天也会面临的受苦之路而言，这具有决定性的影响，决定它是否能为教徒带来自由、救赎或治愈，决

❶ 基督教堂

❷ 基督教长老——李德仙

定是否有一位伴教徒同行或走在教徒之前的人，决定这条路是否能通往一个复活的清晨，甚至决定，这样受苦是否能为别人赢得安慰。

也许，人们常会问，为何教徒可以毫无遮掩地面对一位在十字架上受苦之人的痛苦面容。因为他们愿意面对现实，许多人的死亡也带有十字架刑罚的恐怖性。基督教信仰就是以非常不感性的态度来看待人的幻想。时间不断流逝，一天又一天，一年又一年，不愿前行的人，就会被别人踏过，一辈子被时间拖着走。但基督徒却愿意自己走。所以，苦路的故事是教徒学习接受自己命运的最高学府，而且也代表着教徒内心对下一步路途的所有抗拒与不满。受苦总包含着孤独，无人陪伴。重要的是，他们在这种时候会遇到那位对他们的命运还抱持期望的人。于是他们凝视着受苦的基督，就是在他们生命最沉重的路上陪伴他们的同路兄弟。

# 情倾老街的繁华与失落

按板历史悠久，曾经的县城烟云散尽，但县城的旧貌依然还在。花山营的地脉、南丘井的精魂、老城的盛世、小城的新篇还在延续。

隔着苍茫的岁月，回望荒芜良久的南丘古井，虽色泽依旧，却已然暗淡。汞洞、盐井的开口已被填封，只有两个浸泡盐汞的卤池还在草丛中若隐若现，诉说着按板盐的古老传奇；而曾与之风雨同舟、荣辱与共的按板老街，也恰似一张发黄的黑白照片，橙色的土墙、灰黑的砖瓦、陈旧的门窗、狭窄的街巷，与濒临危亡的“古村落”似乎没什么两样。

就像所有的土地都拥有过春天一样，老街也在岁月的划痕里喧嚷过、热闹过。老人们都说，从前的老街酒楼茶肆、宅第店铺鳞次栉比，货物五光十色，市招高挂，买卖兴隆。市面上，士农工商，男女老幼，走路的、骑马的、乘轿的、购物的，摩肩接踵，熙熙攘攘，真可谓“百家技艺向春售，千里农商喧日昼”。老街当年的繁华主要得益于南丘井的名声和按板盐的质精味美。

老民居

的确，老街的兴衰与南丘古盐井的存亡有着千丝万缕的联系。因为地方小，盐井和老街挨得很近，街边有井，井边有街，街下就是井，井上就是街，这样紧密的相依相偎，许是源于造物主的蓄意安排。相传原来的盐井不在老街而在磨庆，包括老街人在内的附近村民都得到磨庆盐井取卤煎盐。后来，一农夫因寻失牛发现南丘尖山脚下的水塘不是清泉而是盐卤，官府便于同治初年在南丘开井纳卤，取名为南丘井。南丘属按板所辖，随着盐井数量的增多和规模的扩大，南丘井被更名为按板井。从此，老街和古盐井便结下了不解之缘。

按板井传统锅盐形似大铁锅，色泽洁白，味清香，防腐能力强，氯化钠含量达两个九以上。用此盐腌制的咸菜、腊肉，酿制的酱油等色泽鲜艳，味道可口，时间再久也不会变味，深受人们的青睐。在清末和民国时期，按板锅盐销路甚广，主要销往景东、楚

老宅子

雄、弥渡、缅宁、云州、新平、峨山、通海、河西、江川、易门等地。振太、勐大的商人，还将按板井盐运往勐海、西盟等边境一线，进而销往老挝、缅甸等国家。老街，一度呈现出“牛帮马帮日夜忙，人背肩挑销九州”的繁荣景象。如果脚印是冬月里的最后一滴雨声，那么老街狭长幽深的石板路上始终回荡着让人无法从听觉里抹去的足音。老街人开凿了古盐井，古盐井养活了老街人，老街现存的好多古民宅便是那个年代曾经繁华的见证。

人头攒动的老街子

老街不仅是按板历史进程的一个缩影，还是人才辈出的风水宝地。每当想起镇沅第一个巾帼共产党员张清宇，民国陆军上将黄毓成，清华学子罗永曙，“袁家山果园”创办人蔡子儒，阿佤神医罗有汉等名人，都会给我的心灵带来强烈的震撼和洗涤，皆因他们都是喝着从老街古盐井旁流出的泉水长大的人。

或许是有了按板老街，或许是因为南丘古井，民国元年（1912年），县衙便从恩乐迁至按板井，老街因此与“城”搭上了手臂。在多年的历史长河中，始终如县城的一支臂膀举起的火把，散发着源源不断的光亮。

……

历史被岁月轻轻蒙上了面纱，而现实却在眼前一寸寸地铺展开来。1998 年，镇沅县政府驻地又由按板迁至恩乐，按板盐矿也于 2005 年实行了政策性停产关闭。大批的人走了，流淌了多少年的古盐井填平了，老街也和老县城一般日渐萧条，“按板井”这个称呼，也开始在人们的渐忘中变得陌生。

如今，在夕阳的余晖下再度走过封闭已久的盐井旁，看着周围那些茂盛葱郁的豌豆藤及黄灿灿的油菜花，似乎听见了老街与古盐井的呢喃私语。在昏黄的路灯下穿过老街，听着古民宅里传来的阵阵流行音乐，便感受到老街从历史到现实之间的坚韧步履。然而，看到老街上佝偻着背，牵着牛，背着青草，推着人力车，载着收获的庄稼从街上经过的老人，从他们写满无奈、孤独的脸上，读懂了什么叫落寞，什么叫沧桑。

有人说：“过去十年全国每天消失 80~100 个自然村。”暂且不探讨这话题是否属实，但很多曾经繁荣的乡村终究没有挡得住城市化的冲击却是事实。青壮年们都纷纷挤入城市谋生，有的整家搬离了村庄，荒废的院落长满了蒿草；有的只剩下年迈老人看家护院，很是悲凉。这种惊人的现象是必然？是趋势？

斗转星移，四季更替，时光如梭，岁月轮回。

老街宛如一弯锋利的镰刀，大把大把地收割阳光，好似一涧哗哗的水渠，一浪一浪地濯洗月色，又像一栋没有上锁的房子，掩映几分神秘，几丝诱惑，几度沧桑。

按板老街是一个文化符号，它不仅承载着历史的记忆，而且透露出富含地域文化的神秘气息，并将永远给人以情感上的回归与心灵上的慰藉。

老　街

# 第二章
# 魂牵梦绕的悠悠乡愁

淡淡的乡愁是赤子之心的归宿，是爱心的随意舒展、真情的自然流淌；淡淡的乡愁是一份暖人的打扰，是一种酸甜苦辣的情感体验、精神寄托。乡愁是酒，把孤独的心融入浓郁醇烈的酒窖里深深醇酿；乡愁是灯，在黄昏或深夜里，无论你走进荒山还是幽曲的小巷，总有一盏永不熄灭的灯照着你前行的脚步。

# 大山深处的翡翠

镇沅境内千家寨风景区，由于特殊的地质构造，形成了独一无二的原始自然山水景观，这里有鬼斧神工的峡谷奇观、扑朔迷离的嘟噜河、神奇的茶树王和万亩野生古茶树群落、迷魂的鹦哥山……

千家寨风景区，位于滇西南中部，坐落于哀牢山与无量山之间，属镇沅县境东北角。距县城恩乐约 90 公里，面积 20 平方公里。景区内群山耸立、沟谷交错、林海浩瀚，原始森林苍翠碧绿，有的地方至今人迹罕至，是珍稀动植物和野生药材荟萃之地。这里古木参天、原始神秘、溪流飞瀑、鸟语花香，自然风光如诗如画，令人心驰神往。景区内气候温凉，是集旅游观光、科考科研、登山健身于一体的景区。

## 仙侠秘境千家寨

千家寨的原始森林林海茫茫、古朴神秘、景色壮观。分布着多种植被类型连绵成片的常绿阔叶林，树冠稠密，树枝头如茶花状，随地形波状起伏，秋冬夹杂黄色斑块，春夏常绿树发芽抽叶，

大吊水看台

伴随花开，林间五彩缤纷。微风吹来，如大海的波涛一浪翻过一浪，气势磅礴壮观，景色十分迷人。林中有珍稀树种云南七叶树、紫薇、红椿、水青树、红花木莲、野生大茶树等。有满山遍野的红、黄、白杜鹃花，还有名贵花卉墨兰、春兰、剑兰、寒兰等互相争奇斗艳。丰富的植物种类及良好的生态环境，为野生动物提供了赖以生存的自然环境。珍稀动物有金丝猴、云豹、白腹锦鸡等。原始森林内路盘溪绕、山径崎岖、古木参天，四周林木荫幽、青藤蔓缠，小溪流水潺

❶ 群山环抱千家寨

❷ 迷醉千家寨

潺、泉声成韵、鸟声四鸣。在这原始的生态中，呼吸着纯净的空气，享受着清新怡人的大自然美景，追逐飞鸟和小动物，观赏奇花异树，享受悠然自得的山野乐趣、神奇美妙的世外桃源……

## 千年古树茶树王

千家寨是野生古茶林及世界茶树王之生长地，海拔1830~2530米的茫茫原始森林中，有上万亩比较集中的野生古茶树群落。这些散生的野生茶树大小不一、错落生长，最高的达数丈，根部两人难以合围，小的幼苗仅有筷子粗。过去每到春茶萌芽，当地拉祜族（苦聪人）人民便结伴进山搭棚歇山、采集野茶、对唱山歌，

震撼山林，热闹非凡。在万亩野生茶树林中，生长着一棵野生古茶树，树姿直立，高大挺拔，树高 25.6 米，树幅 22 米 ×20 米，基部干径 1.12 米、胸径 0.89 米，生长地海拔 2450 米。千家寨古茶树按其植物学的特征，属野生茶树型。千家寨上坝有一棵大茶树年龄为 2700 年，称为一号茶王；千家寨小吊水坝头那棵大茶树树龄为 2500 年，称为二号茶王。2001 年 4 月 11 日在“第三届中国普洱茶国际学术研讨会”期间，中外专家 63 人，亲临千家寨一号茶王生长地，立了一块“世界茶王，举世无双”的大理石石碑。同时上海大世界基尼斯总部易德先生、张云芳女士，专程从上海赶来参加会议，在颁证仪式上，向镇沅彝族哈尼族拉祜族自治县人民政府颁发了“世界最大古茶树证书”。

❶❷❸ 2700 余年树龄的世界野生茶树王

千家寨嘟噜河奇观

❶❷ 九甲千家寨嘟噜河

## 峡奇谷秀嘟噜河

嘟噜河，源头来自哀牢山大石房坡头一带，由东北向西南流入者干河。嘟噜河河长19千米，曲折蜿蜒流经千家寨原始森林中，河水四季澄碧、清明如镜，河中石子净如水洗、不沾泥沙，河水随山势起伏，时而悬瀑或飞珠溅玉，或气势磅礴；时而蓄潭澄回，碧映日动浮光；时而经石面纵情漫流，如千条银链，轻吟浅唱。河两岸拱斜交荫、藤蔓摇缀、绿叶婆娑，倒映水中，如一绿意浸染的梦幻世界。春夏两岸杜鹃花怒放，山花烂漫。山风拂过，花落缤纷，满河流彩，随波漂流，沿河而行，风光迷人，野趣浓幽，似无纤尘，令人超凡脱俗。

## 魂牵梦萦大瀑布

**大瀑布** 千家寨大瀑布飞瀑悬挂于千家寨半山腰，当地人称“大吊水”。瀑水从西峰之间喷泻而出成三级跃落，总落差约100

神奇大吊水

千家寨大吊水瀑布

米，溢宽 5~15 米，瀑水落下 5 米高的陡坎后，悬空恰似天河决口直泻 80 米落入脚潭，击声如雷，轰震山谷，飞势慑人，腾飞的水雾弥漫河谷，飞泻直落的瀑水裹挟着水雾，分成两股顺山势层层跌落近 20 米的峭壁。水石相击，浪花翻飞，如冰花临空怒放，也像千万条银链壁上漫舞。仰望瀑顶水天一色，疑是银河九天来。阳光斜照，紫烟凌虚，有无数彩虹，随风移动，瑰丽夺目。若遇阴雨，水汽、雾气相融，满谷云雾时浓时淡，瀑水也时隐时现，又是另一番情趣。瀑水周围峭岩环壁，凝绿蓄黛，野花芬芳。大吊水瀑布水声怒吼、水雾弥漫，彩虹美丽，一派壮丽图景观之令人惊叹、流连忘返。

**小瀑布** 小瀑布位于大瀑布东南约 700 米，瀑高近 50 米，宽 10 米，沿陡斜岩壁漫壁泻下，呈扇形撒开，人称小吊水。水大时，嶙峋的石壁飞流折成三叠，只见银柱直泻，狂泉奔流，银浪翻空，水

花四溅，脚潭内卷起无数旋涡，像朵朵白雪飘浮而散，雄伟而壮观。水小时，分为若断若连的两幅，水密的一边沿壁叠水翻涌，水急如箭雨，在岩壁上撞出银花朵朵；水稀的一边，绺绺飘然而下的水回荡岩壁，款款垂落，情致翩跹。一瀑两景，美如诗画，身临其境，如坠幻境。瀑水四周草木丰茂、野花点点，仲夏至此，倍感清爽凉快。

千家寨小吊水瀑布

## 情醉鹦哥山

九甲鹦哥山，位于九甲的三锅腔山，这里海拔 2197 米，云蒸雾锁，紫色腾飞，层峦叠嶂，绿荫青翠欲滴，清泉石上飞流。由于山中栖息着上万只鹦哥，当地百姓就叫它鹦哥山。哀牢山千家寨是百鸟的乐园、是鹦哥的故乡，一对闪闪发光的眼睛，一张弯弯的嘴好像钩子，羽毛呈黄、绿、黑三种颜色，显得高雅别致。这里的鹦哥长期以来就以妩媚的身躯、乖巧的舌簧和动听的歌喉为百姓所喜爱。鹦哥山中林木郁郁葱葱，山径通幽，山花飘香，枝叶间鹦哥若隐若现，阵阵啼鸣，声声悦耳。鹦哥早出觅食，日落时飞归鹦哥山，届时上万只鹦哥铺天盖地，漫天而来。霎时鸟鸣不绝、上下飞舞，大有遮天蔽日之势，蔚为壮观。

九甲鹦哥山

# 飞过岁月的河流

江河是哺育人类的母亲，是生命之源、文明之源。一江四河，是养育了镇沅子民的生生不息的母亲河，那是穿越村庄的河流、穿越镇沅子民内心的河流，充盈着水流的灵动与梦幻，充盈着活力与生机，从人们的精神领地缓缓流过。

河流是生命的源头，它运输过一年又一年的时光，现在仍然在继续着这项浩大的工程。

绿色拔节的声音，缓缓地从原野、山川的古语中升起，露珠的歌赋，激荡着苍凉的回声和穿透岁月的响动。水，悄悄走入谜一般的花朵，温婉的，绮丽的，朦朦胧胧的烟岚，驮着燕翅上的音韵，柳荫深处，眩晕的笑语，旅途中翻过大地新的一页。

镇沅宛如一匹东驰的骏马，昂首飞奔。澜沧江、恩乐河、者干河、勐统河、振太河像一条条巨龙，缠绕着哀牢山、无量山，雄赳赳地穿境而过，滋养着朴实善良的各族儿女，滋润着美丽富饶的土地。

镇沅境内的河流由红河水系和澜沧江水系组成，无量山的黄草岭是红河水系和澜沧江水系的分水岭。东岭属红河水系，河流有者干河、恩乐河。西岭属澜沧江水系，河流有勐统河、振太河等。峰峦叠嶂、林海茫茫的哀牢山，群峰云集、气势磅礴的无量山，江河流淌，清泉欢歌，许多瀑布恰似雪白飘舞的绸缎从蓝天伸向人间。哀牢山的云海秀美壮观、神秘莫测，高山梯田鬼斧神工、秀丽如画，奇妙迷人的土林千姿百态，千古溶洞引人入胜，河谷小坝稻花飘香，高山坡地茶叶叠翠，山高林密间河流纵横驰骋。

一江四河就这样纠缠着镇沅的人和镇沅的土地。

## 恩乐河

一条生命的河流永不停歇，总是在交融、斑驳中填满生命，在岁月的岸边敲打着生命，生生不息，一如既往，斑斓生命的旅程。恩乐河的源头源于大理南涧，细长的水源从无量山间淌来，穿过喧嚣的景东城，醉意阑珊地淌过川河坝，撞开哀牢山和无量山坚硬的山谷，淌进镇沅的恩乐小坝，再穿过古城，而后一头撞进宁洱大峡谷把边江。

恩乐河在镇沅境内河床梯度小，支流流量小，沿河土质疏松、渗水量大，所以流淌缓慢，慢得几乎有了一种停滞感。是的，那缓缓流淌的河水是不易被人们察觉的，只有河水发出的一种声音、夏天河畔青蛙发出的一种声音、秋天燕子在河水上面嬉戏的一种声音……那些声音不知为何好像离河畔很远、离河岸哈尼人的内心很远。河水自然地淌着，灰暗的河面上漂着一层深色悬浮物，看不到倒映的树影和楼影。

恩乐河在镇沅境内河道多、支流多，补麻河是其中一条较大的支流，补麻河在恩乐小坝汇入恩乐河，补麻河上游的五一水库似一块镶嵌在绿色高原中的明镜。春夏秋冬绿水青山，气候怡然舒适，五一水库就像一条绿色飘带上的一颗璀璨明珠，在高原上流光溢彩、熠熠生辉。

恩乐河入水量17.3943亿立方米，年平均流量70.76立方米/秒。

雄浑浩荡恩乐江

水流量全县第一，主支流 32 条，小支流 121 条，各条大小支流都是人、畜、产业的源泉。河流流经的恩乐、古城两岸多为喜欢在河谷坝居住的哈尼族，有少数彝族、傣族、拉祜族等其他民族。恩乐河水养育了 3 万余各族人民，沿岸河谷地带适宜种植水稻、甘蔗、玉米等亚热带农作物。因为恩乐河，沿岸各族同胞世代和谐共处；因为恩乐河，沿岸常年百花盛开、争妍斗艳，河谷呈现出一派生机盎然，这一切都来自恩乐河的水。

恩乐河，从无量山和哀牢山间淌来，穿过镇沅政治、经济、文化中心的哀牢小镇，又缓缓流向遥远的他乡，蜿蜒的河流流淌在村庄的田野与农舍之中。在春日，恩乐河温文尔雅、安静无言，河畔的每一株树木、青草，每一片云朵，每一次浪花拍击堤岸的声响都是温柔的。在夏日，雨水丰沛，洪水使她的身躯无限地扩张，她展开宽阔的胸怀，或拥抱沿岸，或严厉惩罚，仿佛在清洁沿岸的垃圾。她像一匹脱缰之马横冲直撞，河畔淹没在无边汹涌的河水之下，直至洪水退去，才露出面目全非、淤泥四处的容颜。在秋日，恩乐河谷，那满坝子的丰硕，那满坝子的成熟，那满坝子的金黄。收获着一年的辛劳，收获着满坝子的金黄，收获着满坝子的秋色。望一眼那满坝子的牲口，看一眼那满坝子的金黄，一样的期待，一样的收获。在冬日，河谷的田野铺上了白茫茫的绒毯，河边的柳条光溜溜的，经过南风的梳妆，结出了洁白可爱的毛刺。水岸交接处，黯黄的泥沙松散着，沾着晶亮的水珠。树根盘绕其间，外吐的根须被冰霜严裹着。河谷两岸一片一片的层林尽染，一座一座的山寨，尽在炊烟袅袅的蒸腾下，若隐若现。

羡慕恩乐河边的人，羡慕那些沿河而建的老屋，羡慕那些提着木桶随意打水浆衣、洗菜的居民，羡慕折一艘纸船随时起航的孩童，一泓清波仿佛沿岸人独享的胜景。

## 者干河

者干河，流淌了千万年的河流，用她的宁静与清澈滋养着河谷一带的人们，源头从哀牢山的景东而来，由三台平掌入境镇沅，由北偏东南流经九甲、三章田、者东、和平 4 镇。县内河流长 57.5 千米，年平均水流量 41.46 立方米 / 秒，在镇沅境内主支流 35 条、小支流 102 条，近八万人口居住在河沿两岸。河水沿着九曲十八弯的河床，从那洛的者海向着阿墨江日夜奔流。

者干河，清澈见底，青山倒映，卵石可数，山随水动，云霞满河。因为河，河流沿岸形成了特殊的喀斯特地貌，有怪石林立的飞来寺奇景，也有神奇的地下溶洞群，溶洞深不见底、神秘莫测。风洞，洞深千米余，与山脚下的者干河相通，洞口常年有风吹出来，因而得名风洞。和尚洞，相传明朝时有一个游方和尚在此住过，洞里的石壁上还留下了一些古画和诗词。洞长 40 多米、高 8 米、宽 5 米，洞口下面十几米远的地方，有一条清悠悠的小河，匆匆而去

夕阳下的者江河

汇入者干河。大白岩洞，恰似一座地下宫殿，分两层，下层是水洞，上层是旱洞，水洞里有“瑶池浴女”一样的浴盆。汩汩的泉水从半空中的断崖喷薄而出，落下来冲刷出一个天然的石盆，那溅起的阵阵水雾似一块透明的绸纱，轻纱中似有美丽的仙子在沐浴。旱洞非常宽敞，洞里栖息着成百上千的蝙蝠，洞顶上到处是倒垂的钟乳石，各种各样的形态应有尽有。洞顶上烟熏火燎，洞中到处都是厚厚的木柴灰，有人类活动的痕迹。出得洞来，满眼光明，游历白岩洞仿佛是一场怪异的梦。

者干河沿岸几乎都是高山沟壑，真实地凸显着高山流水、

小桥人家的高原山寨独特民风。河谷沿岸和深山中居住着神秘的拉祜族苦聪人、彝族、哈尼族、傣族等多种民族。因为者干河谷地处哀牢山，原始森林覆盖面积大，生长着万亩野生原始茶林，盛产核桃和"滇南草烟数九甲"的草烟。

在者干河流的上空，人们常常会看见，一群不知名的鸟扇动着它们美丽的翅膀，带着它们所有的梦想，从河道远处的那片原始林

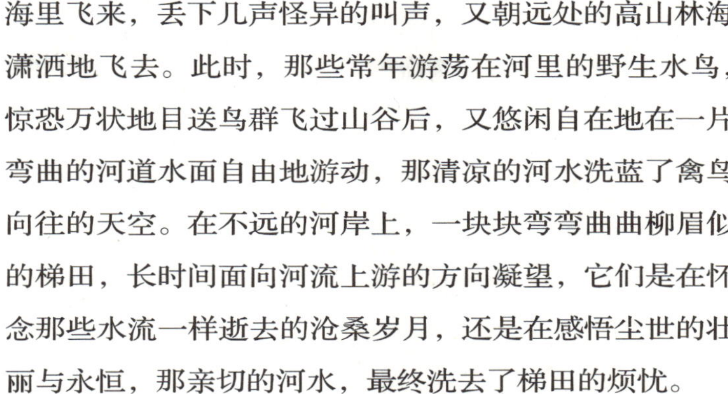

海里飞来，丢下几声怪异的叫声，又朝远处的高山林海潇洒地飞去。此时，那些常年游荡在河里的野生水鸟，惊恐万状地目送鸟群飞过山谷后，又悠闲自在地在一片弯曲的河道水面自由地游动，那清凉的河水洗蓝了禽鸟向往的天空。在不远的河岸上，一块块弯弯曲曲柳眉似的梯田，长时间面向河流上游的方向凝望，它们是在怀念那些水流一样逝去的沧桑岁月，还是在感悟尘世的壮丽与永恒，那亲切的河水，最终洗去了梯田的烦忧。

掬起一捧者干河清冽冽的水，那甘甜清冽的河水，让浑身的热汗立时消失殆尽，燥热的心中顿感舒适无比。者干河就是这样一条浇灌了两岸青青庄稼的河，一条养育了两岸无数生灵的河，一条拥有孜孜不倦追求和无私奉献精神的河。

## 勐统河

勐统河，水源从无量山的朝阳山淌来，沿河上溯，或许有数万年时光，源头在崇山峻岭之中，以一条溪的蜿蜒，漂浮着寂寞的山花或者老去的枯叶。勐统河流经里崴、勐大和按板 3 个乡镇，县内河长 79.5 千米，是镇沅境内流经最长的河流，入水量 7.75 亿立方米，年平均流量 24.6 立方米 / 秒。主支流 39 条、小支流 139 条。勐统河从按板镇的白虎山出境，经景谷的威远江注入澜沧江。

勐统河源头的朝阳山平均海拔 2500 米，但其土壤竟多为疏松沙地。据说这里的古树盘根错节地抓住了沙土，沙土的缝隙就存储了水。还有那些来自太平洋和印度洋的水汽经过长途跋涉，被这里的“云雾森林”阻挡下来，又在这片像海绵一样的疏松土地上添加了大量水分，进而形成了无数的泉眼、溪流、瀑布。为此，朝阳山被当地人称为“山顶水库”。也正因为如此，才孕育出了一条源源不断的勐统河。

勐统河是一条充满神奇和浪漫的情感之河，勐统河上游地势陡峭、水流湍急。流经一狭长的石崖时，形成一巨大瀑布，把白浪滔天的河水铺天盖地洒下崖脚，声响如雷贯耳。在崖脚形成一个乌黑泛亮的深塘，人们管它叫“大黑塘”，阴柔周转于谷底，阳刚坚挺于岩壁，在水花飞溅的壁面上，萦绕着一条五光十色的彩虹，无论晴天雾雨都不消失。古时，生活在大黑塘附近的村民经常看到有两只金黄色的野鸭在塘边出入，传说此塘内是个神奇的龙宫，里面有姐妹两条金鸭龙，专为当地民众呼风唤雨、打抱不平。为此，人们又把它称之为“金鸭塘”。

勐统河是一条绘制田园风光的色彩之河，流过崇山峻岭，逐渐进入平缓地带，把翻卷咆哮的白浪化作波光粼粼的明镜，在坚如磐石的靛坑河水库大坝前尽情徜徉，用伟岸的胸襟挺起许多竹筏、皮艇、渔船。的确，穿着墨绿正装的水库四周青翠碧绿，曾被蓄水浸泡的临水植物镶着棕红的裙边，宛如山峦佩着的翡翠首饰，再衬上一池更显深幽的碧水，时而烟波浩渺、一望无垠，时而荡起涟漪、晶莹剔透，时而青山倒影、平展如镜……

勐统河是一条抛洒春华秋实的丰盛之河，她恋恋不舍地在里崴小坝兜了几个圈后，径直流向更加开阔的具有田园风光的勐大镇。勐大是镇沅的第一大镇，也是镇沅最大的粮、蔗主产区，这里天宝物华、气候宜人，素有“鱼米之乡”之美誉。据说勐统河的称呼便是因这里有一个富饶美丽的勐统村而得之，勐统河床与河坝耕地高差小，易拦河、开渠、引水，沿河两岸居住着近 8 万汉族、哈尼族、彝族、傣族、白族等民族人民，是集多民族大家庭的和谐之河谷。

花香四季振太河

## 振太河

振太河，源头从无量山的大光山跌跌撞撞淌来，缠绕着振太的山谷汩汩淌出塘坊的白沙田，似脱缰的野马，一头撞进了酷热的景谷境内。河流流经振太30余千米，河谷沿岸居住着蒙古族、彝族、傣族、苗族、傈僳、汉族等，近4万各民族同胞。河谷地带适宜种植油菜、烤烟、水稻等农作物。集山川河谷之灵气的振太河两岸坝子，每年春季整个坝子满眼都是漫坝遍野、如波似浪的油菜花，那青的山、黄的花、蓝的天、白的云叫人遐思连篇，给人们平静的心境投下意外的惊喜。河谷间坝子上开放的是灿烂、含苞的是希望、明天即将来临的是美丽。金黄的和青涩的，怒放的和待放的，缺其一都不完美。还有河谷间的花海中搭起的帐篷和追逐花开的蜜蜂和养蜂人，那些追蜂逐蜜的养蜂人寻花而来，他们是河谷中唯一流浪着的“吉卜赛人”。安营扎寨于油菜花丛中，风餐露宿，纺织着春天的童话，收获着春天的甜蜜。

站在振太河岸的难搭桥上远眺，茫茫油菜花海里，村落点点，溪流纵横，花染黄了小溪，染黄了村寨，染黄了山野，染黄了整个河谷。振太河谷成了金色的世界，把人的思绪、梦想染得金灿灿的，那就是振太河的魅力。

## 澜沧江

澜沧江是东南亚第一长河，发源于青海玉树吉富山，海拔5200米，在中国境内长2100多千米，流经青海、西藏、云南3省区，年水量约640亿立方米。澜沧江流经镇沅的振太秀山，又淌过景谷、思茅，在景洪出境，流经老挝、缅甸、泰国、柬埔寨和越南，最后流入中国南海。

秀山处在澜沧江中下游，澜沧江流到秀山并擦肩而过。由于地形地貌的原因，焚风效应有所减弱，一些江段干热河谷气候被缓解，沿江两岸生长着落叶树木和常绿树木混交的森林植被。因为富有亚热带半湿润气候，秀山于1966年开始种植橡胶，橡胶种植具有一定规模。

澜沧江振太秀山的嘎里古渡，是澜沧江艰险的古渡口之一，是茶马古道的必经之地。嘎里古渡，是镇沅澜沧江上一个连接东南亚茶马古道的渡口，嘎里是振太镇西边澜沧江畔上的一个小村落。嘎里人望着澜沧江滔滔不绝的江水，听着远道而来滞留江边驮马的嘶叫声和马锅头的吼声，连接两岸的念头开始在嘎里人的心头延伸开去，嘎里人开始了征服江面的行动。砍来竹子扎成竹筏，漂流涉江。嘎里人家家户户参与摆渡营生，各户按月轮流经营，渡人收银1毫，渡牲收银2毫。从此，镇沅澜沧江嘎里渡口的名声传播开去，江两

岸的经贸往来也日见频繁，嘎里人久被尘封的生活方式在外来文明侵蚀下日渐改变。

南来北往的文明不断地充斥着嘎里渡口，嘎里渡口在不断地改写着历史，嘎里渡口成了马帮从省城昆明穿越哀牢山、无量山，走出国门的主要通道之一。景谷民乐、嘎胡，镇沅恩乐、按板、里崴一带的马帮都通过嘎里渡口，到达对岸的坡头、帮东出临沧，进保山，过腾冲，走德宏到达境外的缅甸、泰国等东南亚国家，进行经济、文化交流。因为古渡口，才有了地方经济的发展；因为古渡口，嘎里的昨天才写上了渡口的美丽和辉煌。

风情万种澜沧江

# 乡间小桥风满河

镇沅境内一条条美丽的江河、溪流、飞瀑、流泉与溶洞峰林交相辉映，构成了一幅奇特的自然画卷。江河溪流上的小桥古香古色，桥下流水则似一条条奏着音乐的白练，围绕乡间。

## 石拱桥

在镇沅境内的江河溪流上，矗立着难搭桥、玻烈河桥、东兴桥、凹龙桥、樟盆桥、永安桥等几十座石拱桥。千百年来，石拱桥遍布镇沅的山河大地，随着古丝绸之路经济文化的发展而建造，它们是镇沅古代灿烂文化中的一个组成部分。迄今保存完好的古石拱桥是历代桥工巨匠精湛技术的历史见证，显示出边疆古代劳动人民的智慧和力量。一座古石拱桥，能经得起天灾战祸的考验，历千百年而不坏，不仅是作为古迹而被保存，而且仍保持其固有的功能不变，可以称作奇迹。镇沅素有“多桥之乡”之美誉。

镇沅境内石拱桥的桥洞全部成弧形，像天上的虹，雨后彩虹像人间通往天上的桥。风动河边草，小桥流水两相邀。在镇沅的乡间，已久违了石拱桥沉重的身影。静静地站在石拱桥上，看着眼前

清澈的流水，流水中那温润的青波，泛动粼光，犹如羞答答的少女，仿佛就是有着沉鱼之貌的浣纱女，在对清溪照影自整罗衣。唉，流光易逝，流水永恒！

## 风雨桥

风雨桥，是镇沅民间民族古建筑物，桥一般建在峡谷间，一桥跨两岸，两座桥均由木结构桥身、长廊和亭阁组合而成。除石墩外，全部为木结构，不用一钉一铁，全用卯榫嵌合，横穿竖插，棚顶都盖有坚硬、严实的瓦片。一座座古式桥梁横跨河川溪流，傲立苍穹，久经风雨，仍然坚不可摧。这些兴建于汉末至唐代的古建筑，结构严谨，造型独特，极富民族气质。

极富民族气质的风雨桥下，一片透明的溪水中倒映着蓝天白云，风和日丽的大地显得一片清明。远离了白日的喧嚣，黄昏的宁静更能体现出村庄的静美，河水在夕阳下呈现出金黄色的油彩，一股清亮细泉驮着小桥从山间的溪涧淙淙而来，小河流水没有断，马蹄扬尘，斯人已远。

❶ 三孔石拱桥

❷ 九甲风雨桥

小桥流水，在团团的白云里飘摇，飘到云深不知处的所在，凭栏处，千里烟波。数不清的石板路越走越薄，讲不完的故事顺着水儿漂。望天涯，依然卷浪，白发渔樵江渚上，笑看秋月春风。小桥、流水、人家，浑然一体，仿佛达成了某种默契。

## 钢绳桥

者东蛮奴桥、勐大平地桥和英德桥等均用钢绳架设。人走在上面，一摇三晃。第一次过桥的人都像刚学走路的小孩，趔趔趄趄，非受一场惊吓不可，多走几次，便能学会用具有一定规律的脚步随晃动前行，如同和着音乐节拍跳舞，煞是过瘾。但每每也提心吊胆，唯恐大意“失荆州”。河两岸的村民就不同了，他们可以扛起百儿八十斤的东西在桥上快步小跑，就连七八岁的小孩子也能在桥上荡秋千，且脸不变色心不跳。这当然只有男孩子才行，女孩子一般不敢，但也常去看看，图个好奇或以衬托男孩子的勇武。

钢绳桥也称“甩甩桥”，在河谷间，在山与山之间，用三五根大拇指粗细的钢丝绳并排着一牵，上面铺上一块块木板，就成了桥。桥体长三五十米，有的甚至更长，中间绝无支撑或牵引，人走上去，桥身便上下左右甩动。即使无人行走，经山风强劲一吹，桥也会在风中悠悠地甩动起来。因此，老百姓形象地称之为“甩甩桥”。

乡间的小桥很多，名不虚传。在山沟里，在丘陵下，在深谷中，在草地旁，各种各样的桥比比皆是。竹排桥让人舒坦，独木桥使人果敢，浮水桥逗人

❶ 恩乐镇通桥
❷ 勐大跨河大桥

嬉戏，枯木桥叫人心惊……所有这些都足以使人眼花缭乱，不能望眼所及，只有略而不叙。

说起桥，自然让人联想到水。乡间流淌的水都由各路清泉汇集而成，夏凉冬暖。水面总是泛起一种难以名状的光，古籍中曾以“叭叭”“涎涎”之类的词语来形容，但总觉得还是不够贴切。它四季常绿，绿得晶莹、绿得柔嫩，透着青春肌肤的魅力。这是经过了千万重砂石过滤的，没有任何杂质，清澈透明，鱼虾草虫毕现。两岸的一切都在这里留下了影子，车马行人、山峦树木，哪怕是在树上啁啾卿卿、在空中飞掠而过的小鸟，都会映上它的屏幕。难怪那些大大小小的桥总是那样恋恋不舍地守在水的旁边。

乡间的山水多情，乡间的小桥也多情。站在乡间的小桥上招手，河两岸的人都能看到；站在乡间的小桥上呼喊，两岸的人都能听到。只有站在乡间的小桥上，才能领略大自然有形的倩影和无形的眷恋。如果还要听流水的汩汩、石濑的淙淙、细流汇入空谷的铿锵、清泉浸过草滩的柔曼、石缝滴雨的清脆、潭底回流的噎咽，也只有站在乡间的小桥上才能听得真切、分出层次。

乡间的小桥，是乡间的镜头，是山水画的诗眼。“小桥流水人家”，仅这么一句，就能让人涤净尘世的千种烦忧和心头的万般积垢。

乡间的小桥，是雄浑的脊梁，担着山民壮实的双肩，“胜似闲庭信步”，跨越淙淙银波，趟过绿色的原野，走向金色的希望。

乡间的小桥，记载着我永生的恋情。

古城钢绳桥

# 名家说镇沅

因为镇沅的大方，因为镇沅的淳朴，因为镇沅有一棵世界野生古茶树王和神秘的苦聪人，国外的、国内的，有名的、无名的，都冲着那棵树、那些人、那些风情、那充满野生茶香的镇沅而来……

居安于哀牢山和无量山中部的镇沅，一片边陲高原上的绿洲，拉祜族苦聪人世代生活的家园，与其说它是一个神奇美丽的地方，还不如把它想象成一卷水墨涂抹的风景画。一幅青山绿水间白墙与青瓦的民居村落，一座既现代又彰显着民族建筑风韵的小城，灵秀绮丽的河谷风光，坚守且延续着民俗生活场景的苦聪原始部落。那轮不落的明月，那堆不息的篝火，那铿锵的蜂筒鼓声，那三弦、芦笙，那载歌载舞的小镇居民。那舞姿的一招一式、那歌声的一字一腔都有板有眼，把才子佳人缠绵悱恻的情愫演绎得淋漓尽致。把情和爱丝丝缕缕洒向小城和山村的角角落落，小城和山村因而分外妩媚温馨、分外余韵悠长。千家寨千年野生古茶树林云雾缭绕，古朴优美的原始森林山峰奇险、怪石嶙峋，古树老藤盘缠、嘟噜河幽谷潺潺，吸引着不少文人骚客涉足其间，并解读镇沅。

梁平说："都说在镇沅'酒不醉人人自醉'，这次我是领教了。从城市到农村，从一种生活走到另一种生活，这本身就很叫人兴奋，而且这种兴奋好像蓄谋已久，一触即发。我们还只是刚刚落脚在山门前，就被淳朴的民风熏得飘飘然了，就被浓烈的酒歌煨得暖暖的了。而一切，又来得那么自然、亲切和真实。先是彝家的酒歌，接着是哈尼的酒歌，最美妙、最是长久萦绕的还是拉祜族的酒歌。那酒歌朗朗上口，一听就记得住旋律，就不能自已。歌词是苦聪的土语跟着发音就成'哀罗普尼棵棵裸，罗罗尼那细哲撇，圣卓格搓啊着尼，米细细细底情，欢递喂喂鄂细克人，一切得克哲朵朵杯，朵杯！'从一座山到另一座山，从一个寨子到另一个寨子。这里的山，或者大气，或者妩媚，都显得格外宁静和从容，植被很好，空气很好，让人心情很好。进了寨子又是另一番景象，彝家的寨子，哈尼的寨子以及苦聪人的寨子却各有各的味道。我走进苦聪人寨子的第一个印象是走进了原始社会，寨子里还完整地保留着刻木分水以及脚碓、手碓一类加工粮食的生产工具，而这些，不是拿给人看的摆设，仍然是他们现在赖以生存的条件。寨子里的老人和小孩都没有出

过山，年轻人到过县城的也微乎其微。这里的主要粮食是荞麦，此外，烟叶是一流的，茶叶是一流的。在镇沅，快乐时光从黄昏到深夜，无论是寨子里还是山头上，只要有三弦弹唱、芦笙吹响，人们就会从四面八方围拢来，寻找伙伴，寻找激情，寻找快乐。山里的夜晚，有一种力量让你不由自主地跳动起来、燃烧起来。围绕在身边的山民如同我们长相厮守的兄弟姐妹，只要拉起了手就不再放下，一圈一圈地跳个没完，一跳就是五六个小时。从一个小圈子越跳越大，然后跳成了两个圈子、三个圈子、四个圈子……直到满满的一个场子都挤满跳舞的人。”

张昆华说：“放眼望去，一个个掩映在核桃树、龙竹林、大

①②③ 苦聪老人

榕树绿荫丛中的苦聪人村寨，已不见昔日的草草房、杉片房，大都经过一番改造翻修，变成头顶青瓦、身砌红砖的新房或半新半旧的房子组成的村落了。”

存文学说：“二十几年前，我曾看

过省社科院拍摄的一部反映苦聪人生存状态的黑白纪录片，过去的苦聪人像过山的鸟儿一样，远远地躲进深山密林里，他们为了交换一点生活用品，把捕获到的兽皮放到商人经过的小路旁，就藏进树丛里静静等候。因为没有预约，有时几天也碰不到一个商人。要是商人路过，用拳头般大小的盐巴或几枚针放在地上，心安理得地把一张张上好的兽皮取走，苦聪人也不会去争、去论个价，他们惧怕外族人。”

黑陶说：“镇沅是全世界饮茶人的故乡和圣地。因为，此处的山地密林中，至今旺盛生长有一棵树龄已高达2700年的世界野生古茶树之王。恩乐，新县城的所在地，似乎到处都是瀑布般的三角梅，我喜爱绿叶红花的三角梅。傍晚，四周群山的清新之气，一刻不停地往这个平整的谷地倾泻，每一幢建筑，每一个人，都沐浴在清新而又磅礴的山气之中。新识的朋友，燃起来的古老篝火，不管是熟悉还是陌生，深夜火焰映照的脸，都是发烫的酡红。”

哀牢梯田

张倩说："镇沅，位于云南省的西南部，坐落于哀牢山中段的山脉之中，这里的山地占了97%还多。可以说走遍全县，你都找不到一块稍许宽一点的平地，那些大大小小的村落，除了少部分散落在窄窄的河谷地带，绝大多数都是建在海拔1700米左右的大梁子脊背上，终年云雾缭绕，四围梯田环抱，美倒是美极了，就是穷得慌。"

章武说："在一座依山傍河的哈尼族村寨，曲曲弯弯的山道上，热情好客的主人撒下青翠松针，以此迎宾引路，在我看来，其隆重的程度不亚于在首都用红地毯迎接国宾呢！进入寨子，又见五张大谷席相连着摊在地上，摆开了哀牢山特有的'长龙宴'。谷席上既有香喷喷的白米饭，又有黄澄澄的黄米饭，那自然都是产于高山梯田里的精品了。五颜六色的各种蔬菜，倒也不缺，但似乎都是陌生的。听主人介绍，大吃一惊，原来，那蔬菜都是从山野间采集来的鲜花。今天席上摆出的，就有金银花、棠棣花、金雀花、紫藤花、芭蕉花、棕榈花、太白花和野牡丹花，连那吃起来甜糯得有如蜂蜜搅拌的黄米饭，也是用一种野花的黄色液汁所染成。”

邹昆凌：“嘟噜河在镇沅县境内千家寨的山中，说它是河，其实是条溪流。坐在嘟噜河边，目光所至是一派城里人难以想象的幽深空灵，身心都润泽在新鲜的自然里。水在这里随岸曲折、随石赋形，撒布在草场周边，那匹驮食品上山的马，这时脖颈弯成弧状，静静地在咀嚼水边的嫩草。这景象是古代画家郭煦和董源画的山塬图，也像希施金画的林间

水流，这时，会想起那些史前的故事来。希腊神话里的美少年，如果来到嘟噜河边，在水里照见自己的样子，一定对世间的女子不再有意，永远成了爱着倒影的自恋者。”

好诱人的绿色家园……

镇沅是大方的，镇沅人是淳朴的。踏进这片无处不飘荡着浓郁茶香的土地，随便你走进哪个寨子，那家都会给你一碗水或一碗酒，为你搬出一个凳子，让你对镇沅的感情难以割舍。时代在变，乡村的民情风俗在变，但是唯一不变的，还是镇沅人千万年永恒的淳朴。挺立在洁白云朵之下神秘的野生古茶树王，在春夏秋冬扑朔迷离中等待着你的探访。

❶ 新农村新面貌

❷ 长在云中的九甲小村寨

# 尺树寸泓恰似春

自然风光无限美，这就是田坝的魅力所在。那令人神往的生态森林，满山林木葱郁，成群的猴子在林子里追逐嬉戏，熊、野猪等野兽出没林间，有一种原始的野味。坝子里有清澈的河流，滋养了无数肥美的鱼儿和石蚌。有古老的盐井文化和悠久的茶文化，坝子的一草、一花、一木、一水，都是逍遥、璞美、本真、纯洁的。

在田坝，大营盘、磨盘、白岩子，三座呈三角状拔地而起的山峰让人羁绊，那绮丽的自然风光，厚重的茶文化和盐井文化，使得田坝的魅力就脱了俗，身临其境，醉也就自然了。

田坝的山连绵不断，山到哪里，花草树木就生长到哪里，形成了山与山的网、树与树的网、草与草的网，扮靓了大自然宁静、安详、和谐的丽质。

海拔 2260 米的大营盘山，山高雄奇，令人向往的原始森林古木参天、环境幽静。山间奇形的石块，传说古时的大营盘山有妖石作乱，天神为保一方平安，一夜派出两个石仙前往大营盘山镇妖，镇妖后两个石仙闻听凡间的鸡鸣狗吠，恢复成石头原形，后人称之为“大石马”和“小石马”。现在两块形状怪异的石块尚存，“大石马”身上还印有豹子、山羊、猪等动物的足印。

田坝恩耕井遗址

大营盘山上有诱人的野杨梅，每逢夏季，枝叶茂盛的杨梅树就挂满了成熟的杨梅果，果肉酥润而甜蜜，是难得的生态水果。山里的杂木林又是盛产野香菌的好地方，每年的雨季到来，都能催生杂木枯树生长出漂亮的野香菌。

磨盘山，生长着漫山遍野的各种兰花，兰花四季花开，馨香飘逸。磨盘山因山崖岩石巨大，形如磨盘而得名，山里到处是石块，石块具有大、坚硬、不易风化的特点，是建筑工程的好材料。经石匠雕刻成石条、石砖、石缸等运往各地，磨盘山石在境内响当当，名声远扬。

悬崖峭壁的岩归山，崖上生长着多种名贵的中草药材，最多的是岩归，在夏、秋季节，正值岩归生长旺盛时节，岩归像绿色的大毯子覆盖了陡崖，一股浓郁的岩归香味四散飘飞，令人飒爽和惬意。悬崖间又有野牛洞、老苦草林洼子等多处深涧幽谷。谷底有一种美丽的奇树，当地人叫“明堂花树”，此树枝干枯了能生长出木耳。主峰白岩子的一面陡峭如高高的直角，令人生畏。传说崖壁中间有一个山洞，里面藏有黄金、白银、珍珠无数，有一对白蛇和一对白鸭常年住在洞里守护。另一面成缓坡，生长着缠绕的藤蔓，高大的野生古茶树、山茶花、耙齿木等树，树上有野生的石斛，树下有金不换、重楼、盘龙七、草乌、回心草、芹归等珍贵药材，树林间还有白鹇、野鸡、麂子、野猫、野猪、岩羊等飞禽走兽，护卫了生态的平衡，也解读了大自然的神奇与旖旎。再加上鸟语花香，潇潇微风，蜂飞蝶舞，蓝天白云，一种纯自然的野性美就丰满了。

在镇沅，田坝的森林覆盖率最高，水资源丰富，其水系主要由

田坝老海塘茶园

山中的泉水汇集而成。泉水从山中汩汩冒出，潺潺流淌。羊奶箐常年流淌着温泉，泉水温热如故、四季不变，特别是冬日的早晨，一片热气宛如轻纱袅袅升腾，在绿色的水草上面，合着冬阳的晨晖，勾勒出一种神奇的美，似仙山琼岛、瑶池仙境，这般的温泉在田坝境内的山间多处流淌。除温泉外，人们把山泉叫作“生态自然的矿泉水”，田坝泉水味道纯真，淡、凉、清爽、回味，品尝了就在舌尖荡漾，沁人心脾，有以“凉水箐”“掺酒箐”命名的清泉。古时候，有一农夫挑酒回田坝，走在山间口渴的时候看到山间流淌的泉水，就躬

下身，咕咚咕咚喝了起来，他越喝越觉得好喝，比酒还要好喝得多。他竟然把满满的两坛好酒倒入水里，用酒坛装满泉水挑回家去喝。从此，这眼泉水就得名“掺酒箐”。

走进海塘村和茶山箐村，那迷人的景色就如海塘茶和茶山箐茶，滑润、甘甜、醇厚，经久回味。

老海塘村始于明朝永乐年间，村落位于高高的山峰下，四周连绵不断的山峦，孕育了得天独厚的气候、山势和地貌。一年四季清澈的山泉淌过村寨，滋润了茂密的树林。森林间有上千年的栽培型老海塘茶古茶园，那叠翠的茶叶，那热闹的茶花，那淡淡的茶叶芳香，娟秀了美丽的海塘自然风光。更让人难忘的是距离海塘村不远的坡头山上有一株古老的海塘茶树，树高 4.5 米，茶树基干最大径围 1.72 米，有上千年的树龄，被誉为“白芽口茶种”。

茶山箐，是因种植有大片的茶树，又有充足的山泉水而得名。茶山箐坐落在山和山重叠的民强村大山里，海拔高、气温偏低、降雨量多、森林茂盛、泉水资源丰富。种茶历史悠久，始于明朝，现有古茶林千余亩，树龄在几百年间，最大的古茶树基部干径 40 厘

田坝风光

米。一株株的古茶树枝密叶茂，全身披满青苔，有一种婆娑的绿色妖娆感，叫人喜欢。

盐井，是田坝的原根文化，盐井文化始于明末清初，一小股军队为躲避清兵追杀，携家眷逃亡云南。一路上，部分朱姓改为了刘、黄二姓，到达今景谷县抱母井后，顺流而上，以捕鱼为生。一日行至一谷地，发现有汩汩的盐水，于是就在这里安置了下来。人们为了感恩这个有盐的地方给予有耕之地、有容身之所，就起名为“恩耕”。后来，清朝政府推广了容汉的政策，“恩耕”人才把恩耕盐的情况和盐品报知掌管当地盐事务的镇沅府，以求办盐引，合法熬盐，合法贩盐。镇沅府批准后，于雍正二年（1724 年），恩耕盐井和按板盐井一起由国家开设，当年就试煎，三年后定额起课，在威远同知设盐课大吏一员代管恩耕井盐事务。从此，“恩耕”改名“恩耕井”，人们轰轰烈烈地专攻盐业，恩耕井的经济、文化迅速发展起来，住户增多，称为“千家寨”。井上的房屋挨挨挤挤建在一起，直到与水相接的河道边缘，部分人家还在河中露出水面的大石块上凿上深深的洞穴，把柱子镶在洞穴里，盖起房屋居住。

田坝风光

现在，恩耕盐井只留下了遗址，是一个夹峙在两山之间的谷地，东面是悬崖，西面是陡坡，呈筲箕形，下午的阳光可以通过筲箕形的山满洒盐井。一条河流缓缓从谷底淌过，把本来就不大的谷地一分为二，凸显消瘦。岸边有几眼温度适合泡澡的含盐温泉汩汩流淌，被当地人视为灵丹妙药，说是取温泉水洗澡，可以治愈皮肤病。

在河对岸的荆棘、杂草之间有明显的民居墙角残痕、人工堆砌的石坎、驮盐马道的遗迹，还有河中的桥墩，可以想象当时盐井的繁华景象。

其实恩耕井的锅盐与别处的大不一样，是直接取流淌出来的盐泉水轮番熬制而成的。盐泉有多处，集中的一处是盐井旧址，在河道边，用方石镶成石槽集存盐泉水，现在仅剩下半米来长的石槽，槽内泉水含盐量较高。当时的人们就从槽内取盐水熬制锅盐。也有人寻找过盐矿，两岸山崖上都有人工凿出的山洞，西面山洞因日久天长被土石、杂草淹没，东面山崖上的矿洞裸露着，硬生生从岩石上打凿进去的一个洞，约一米宽、两米高。黑黢黢的洞口如张开的大嘴诉说着大自然的威严，不知道有多深，传下来的说法是没有找到盐矿。然而，恩耕盐盐味不低，人们在恩耕井斗过盐味，取来新鲜的豆腐一层层高高堆起来，成相同层数的数堆，再把恩耕盐粒和别处的盐粒放置到各堆豆腐的最顶层，一天后发现，恩耕盐渗透的豆腐层数最多。

盐井的美还有那满地的盐白，特别在冬季，长时间无雨的时候，河道边的砂石上、土层上，均积留了一层薄薄的小盐粒，如雪一样纯白，配上岸边的一树树盛开的鲜红野樱桃花，盐井的美就脱俗成奇妙境界。

自然风光无限美，田坝的干坝子位处景谷县、宁洱县、镇沅县三县的交界，有令人神往的生态森林，满山林木葱郁，成群的猴子在林子里追逐嬉戏，熊、野猪等野兽出没林间，有一种原始的野味。坝子里有清澈的河流，滋养了无数肥美的鱼儿和石蚌，坝子的一草、一花、一木、一水，越发显得逍遥、璞美、本真、纯洁。

# 散落在乡村的古朴

在扑朔迷离的乡村，古迹的残片停留在岁月深处，布满拙朴和凝重，满覆时光的履痕。徜徉在幽暗并带有一点残破的村落，品读着曾经发生过的一切，或与一棵树独语，或与一朵花对话，你会忘记身后的方向。

古朴，是历史文明的风韵。而汇集遗落在乡村的古朴，便是历史文化的写真。

当社会的进化试图把那些风烛残年的民间古迹掩埋于时空的瞬间，一种凝重醇香的韵致突然扑面而来，使人敬仰，让人陶醉。此时，如果把这种韵致逐一清点，就会发现，在高楼大厦遍地林立的今天，那些独具匠心的历史建筑成了一道不可多得的亮丽风景线，从而为人们在秘境中寻求曾经的失落点亮了引航之灯，一座座可歌可泣的"古村落"便随之闪现在人们的面前。

古村落在很多人的印象中是荒凉而神奇的，似乎在那里埋藏着多年的古怪与精灵。

在镇沅，古村落确实流传着不少古老而别致的传说，有褒天仙神灵的，有贬鬼魅妖道的，有让人惊恐万状的，也有

使人啼笑皆非的，可谓是天方夜谭、无奇不有。然而，这一切都随着时光的洗涤和风沙的磨砺而在人们的脑际渐渐消退，唯有对祖先智慧的肃然起敬，以及对那种洁净无瑕之完美建造工艺的赞叹，永远无法在人们的记忆中消失。

镇沅的古村落本来很多，遗憾的是有不少风格奇异的古迹早被“文革”的血雨腥风所洗礼，也有一些古式建筑被社会主义新农村建设所取代。不过，也就是在实施美丽乡村建设的进程中，人们

却意外地发现，镇沅的古村落不但依稀可见，而且还在闪现着无尽的光和影。勐大的英德、大山、文来、文卜，九甲的果吉，古城的南京、桂海，按板镇的按板井，振太的杨家社、紫马街、郑家村、石大富等，这些都是连片成型的古村落。还有一些插花式散落于乡村田园的古民宅，如者东的王志英宅、唐忠俊宅、王朝贵宅，振太的李恕安宅、李英宅、李其勋宅等，均为镇沅境内较为有名的古民宅。

在镇沅诸多古村落中，振太镇的杨家社算是比较典型的了。说是杨家社，其实是一个不大不小的老古寨子。每当人们走进这个寨子，就会有一种穿梭在漫长时光隧道里的感觉。一些被记忆剪碎的旧事在一种古旧气息包绕的氛围里，让情绪陷入一种难以名状的感觉而不能自拔。走进这个古建筑群落的时候，脑海里首先会跳出两个字“古朴”。注目那些远古而陈旧的古寨，使人常常会陷入一种怀旧的氛围，并沉湎于对流年“沧桑”的追忆中。因为那些古旧的气息并非已与时代疏远，若忽略其表面的斑驳和沧桑，蕴含其中的，都是一些触手可及的民俗与世情。

❶ 绿色掩映中的小山村
❷ 和谐家园

杨家社古村落有一条穿过寨中的深巷，巷道稍带弯曲，在一片散集着黄墙黑瓦的清代建筑群中穿梭，用鹅卵石与青石板铺就的路面烙满了各种凹凸不平的印记，难以想象多少年来打从这里走过了多少人畜，也无法猜测它曾经承受了多少茶盐驮马的重压。在偏居一隅的乡村，放逐一条如此幽深的小巷，让你可以目不斜视地穿行于浮生流年，如同光阴数百年如一日地在这巷道中踱出的方步，慢悠悠且带着闲情逸致，并在无比坚硬的顽石上刻下不可磨灭的古老足迹。

行走在这条深邃的小巷里，触摸这些历史留下的痕迹，会让人发出思索的疑问，这条布满沧桑的小巷，什么是它的载体，是时间吗？那些已然远去的岁月，需要用什么样的语言去形容它，无从得知。但觉得那些曾经在小巷里踱出的步子，应该是不疾不徐的，步履轻盈得就像莫名而来涉足于深巷的脚步声，回响在小巷身后长长的光阴中，回响在四周的墙壁上……这种悠长的宁静，足以把人们身上的躁气一点点地退去。

在小巷的右拐折角处，有一个宽敞的四合庭院，那是到杨家社

必经的地方，除了院内的民宅建筑十分古老外，庭院正房和厢房相连的转角间还隐藏着一口很难见到的古井。古井十分别致，环状的井圈是用整块巨石雕琢而成的，石质的井口边缘已被磨蚀成不规则的锯齿状，留下了深浅不一的绳索印迹，最深的一条绳索印迹足足有15厘米，记录着悠悠岁月里，多少代人曾用此井水生存的痕证。青石垒成的井壁，石缝里的青苔和杂草见缝就长，没有人为修饰的痕迹。虽然依稀可见井底有水，一些沾满氤氲之气的枯叶散落在水面，但真正的井水或许早已干涸，因井壁上已被后人嵌入了一根黝黑的皮管。不过，一种古典气息里泼洒出的湿淋淋的水汽依然可辨。井沿周围两米内均用口面较好的毛石铺就，看得出曾被无数来往担水的人踩踏，光滑且圆润，在时光的渐逝里沉淀出一种沧桑的质感，波澜不惊地呈现于我们的视野中。

离开古井，走出古宅，步入一条沿寨边直行而下的古栈道，与小巷呈丁字形相连，在杨家社算得上是一条最大的古栈道了。栈道神形俱佳、风韵犹存，粗黑的石阶或横或竖、高低错落、浑然天成。由于年代的久远，石阶上长满了地衣、伏石蕨、苔藓，使栈道与村落连成一体。在栈道上慢慢行走，阅读此前无法读懂的细节，会突然发现这是祖先有意留下的一块空间，抑或一份禅意，以便于后人寻回迷失的东西。看着这条古朴深邃的古栈道，敞开思绪，首先想到的是远古与现实的联系。这是祖辈们开凿的路，也是祖先们走过的路，一代接一代的人从这里向前走，走向宽阔的高速公路，走向飞行的登月之路，或许下一代人会走得更远。所有的路都是古栈道的延伸，只是当人们越走越远时，当人们创造了诸多奇迹时，却让自己的生活变得越来越复杂。人们少了祖辈心灵的旷达和视觉的高深，忘了为自己创造一道让灵魂恬憩的路。

栈道左侧，有半截用来遮风避雨、被称作“照壁”的墙头上，长满密不透风的石斛，各形各色的石斛花含着露珠迎风摇曳，构成了一幅特别的景致。栈道右侧沿路是几道通往古民宅庭院的大门，经多年风雨的侵蚀，门檐上的文字和绘画大多模糊了，只有苍劲的隶书依稀可辨。虽很难读懂，但其意不难想象，分明是记载着祖先铺路建宅的事迹，也描述着祖先的智慧和意志。似乎让人们看到生活在山鸡、野菜、扁担、草鞋的世界里的祖先们有苦有乐，有粗鲁的调笑，有男女之间的故事，但他们也有追求和梦想，也有艺术和创造。

步入一座更古老的宅院，那里飘着一股浓浓的腐木味，大概是古老的楼房历经岁月的抚弄，散发出自己独特的气息。这也是个古四合院，院子的墙全是用石头砌成的，看上去很古朴，也很典雅。诚然，杨家社仅是镇沅诸多古村落的一个缩影，镇沅的古村落虽然所处位置大相径庭，但其建筑风格都大同小异、相差无几。就其构建而言，每一幢建筑的设计基本是四合院式，木刻、石雕琳琅满目，墙壁绘画精美别致，特别是振太和勐大两地的古建筑之雕刻绘画技艺较为精湛，具有典型的大理民居风格。更为惊诧的是，这些古宅建筑气势宏伟、规划匠心独具、设计巧夺天工。远观檐廊衔

接、楼阁参差，近看天井相连、复道纵横。古村落的布局之妙、巷道之幽、天井之玄、雕画之美、用材之神，堪称五绝。其通风、通道之协调，别具一格，其采光、屋宅排水之奇妙，令人叹为观止。每一间独立的屋子都有着大致相同的结构，主堂屋及横堂屋由数个单元组成，每个单元由天井和半敞开的堂屋及两侧封闭的厢房构成，屋中间有屏门、檐廊、巷道相隔。分则自成庭院，合则贯为一体，穿行其间，晴不曝日，雨不湿鞋。据说正堂屋及其两侧的厢房供长辈使用，侧堂屋由家族里晚辈的每个小家庭使用。

镇沅古村落之美，还在于建筑与自然环境的完美协调，既是人居典范，也是科学标本。从文化的视角赏析，既是高原文化的重要载体，又是乡土文化的活化石，也是鲜活的“民俗文化博物馆”。徜徉于这样的古村落里，时光仿佛蕴含着独特的情感指向，似乎能洞悉人生的坎坷与悲欢、远古与当今。

耕 耘

# 失落在迁徙途中的弯弓

提到蒙古族，脑海中总会出现无边无际的草原，一群快马正从远方奔袭而来。在人喊马嘶间，以彪悍闻名的蒙古汉子张扬着他们所崇尚的狼性，弯弓搭箭，追赶着落荒的大雕，这一惊心动魄的画面，早已在金庸笔下定格。

在振太镇的界牌村，有近两百名蒙古族村民集中居住在一个叫铁家村的自然村里，这不是虚构的影视情节，而是六百多年来的事实存在。

提到蒙古族，脑海中总会出现无边无际的草原，一群快马正从远方奔袭而来，在人喊马嘶间，以彪悍闻名的蒙古汉子张扬着他们所崇尚的狼性，弯弓搭箭，追赶着落荒的大雕，这一惊心动魄的画面，早已在金庸笔下定格。当然，如果对历史稍有了解，谈及蒙古族最该想到的是被称为一代天骄的成吉思汗，令人不得不折服于那些开疆扩土的蒙古铁骑。想到宋、元、明三朝的江山易主，让你不禁扼腕叹息因改朝换代所造成的殃及池鱼、迁徙流离。

那么，一个马背上的民族，一群草原上的雄鹰，为何会选择千里万里的跋涉，离开他们赖以生存的茫茫草原，逃到蛮荒之野的深山密林里一躲就是数百年呢？这些年，他们引以为傲的弯弓还在传承？他们随身携带的蒙古弯刀，是否早已蜕变成刀耕火种的生产工具？要解开这些谜团，还得从八百多年前的历史变故说起。

从1206年铁木真被推举为蒙古民族诸部落的大可汗（号称成吉思汗）开始，蒙古帝国刚刚诞生就被捆上了失控的战车，走上了一条疯狂征战的不归路。从成吉思汗到忽必烈，在半个多世纪里，先后发动了三次大规模的西征和两次南征，铁蹄踏遍欧亚大陆面积约3000万平方千米的版图。历经60多年征战，蒙古帝国终于统一了中国，并于1271年入主中原，建立了元朝。这是中国历史上第一个在全国范围内建立起来的，以少数民族为统治者的政权。

在南征过程中，从历史的记载中看一看1253年。一支10万之众的蒙古大军，乘革囊及筏，渡过金沙江，将战火点燃到云南高原，打破了唐宋以来南诏、大理割据一方的局面，使其成为中国的一个省。应该说，成吉思汗及其子孙的两次南征，先后灭金和南宋，使四分五裂的中国再次实现了大统

一，这是历史的进步。然而，就是这样一个攻无不克的强大帝国，在不到一个世纪后就轰然倒塌了。

透过历史的景深，反思封建王朝的兴衰，读史者都明白，战争确实是人类的一项残酷发明。每一次战争都会制造人间惨剧，让人们背井离乡、生灵涂炭，每一次战争都是血与火的煎熬，都伴随着家破人亡、妻离子散！

1381年，大明皇帝朱元璋派大将傅友德、沐英和蓝玉率军队攻占云南，灭元朝梁王。元朝政权彻底溃败，住在云南的蒙古兵及随军后裔四散各地，归隐避难，振太界牌村铁家组集中居住的蒙古族，正是在这一历史背景下流落而来的。

据说在这之前，现在的铁家组山高谷深，远离人间烟火，更无什么名称。如果没有早先那几名避难的蒙古人慌不择路、误打误撞地闯进大山，并在此结庐而居，这里就不会叫铁家村。铁家村一代又一代的老人口口相传，告诉他们的后辈儿孙，他们的祖先来自蒙古草原，明朝初年，他们这一支系的蒙古人有兄弟两人流落到此，觉得这里与世隔绝，可以躲避追杀。看到这里山清水秀，树上有鸟，水里有鱼，能够生存。于是，他们就安顿住了下来。后来，大山外边的当地人也知道 了他们，但各自都有隐痛，相互也就不刨根问底，同是天涯沦落人，相逢何必曾相识。那兄弟两人为了不让别人知道自己是蒙古族，就以水中的小鱼为姓，取其谐音说是姓“余”，铁木真的骄傲以及他们原来的“铁”姓，从此就被潜藏在心底了。

就这样，从苍狼白鹿传说中走来的余家两兄弟，借助于蒙古民族基因中的强悍与坚韧，以打猎、种地为生，生活还算过得去。人在天地间，真正地与世隔绝其实很难，余家两兄弟不可能茹毛饮血，他们总要出山找些生活必需品。有了走动交往，人与人之间就会产生感情。后来，兄弟两人都先后娶到了山外的当地姑娘为妻，在遥远的异乡有了蒙古族的后代。

白云苍狗，日月如梭，几百年过去了，一次又一次的添丁进口，一代又一代的发展壮大，余氏家族日益兴旺，与山外的距离日渐缩短、拉近。为方便交流，他们就以姓为名，把山寨冠名为“余家坡”。

中华人民共和国成立后，随着党的民族政策的贯彻落实，余家坡的子孙才敢坦承自己是蒙古族后裔，并在政府的关心重视下，明确了民族类别，恢复了潜藏得太久太久的“铁”姓，同时将余家坡更名为“铁家村”。

也许，他们会梦到苍茫辽阔的大草原，毕竟，那里是他们祖先的发祥之地。或许，在机缘巧合的时候，他们也想到蒙古高原去看一看、拜一拜。因为在他们的血液里，始终还遗传着蒙古人的基因。

# 者干河畔溶洞群

哀牢山者干河畔得天独厚，一路美景迷人，有“和平看山”“者东探洞”“九甲看千年古茶树”的诸多美誉。

者干河畔是喀斯特的地貌，有石林一样石头裸露在外的飞来寺奇景，也有建水燕子洞一样神奇的地下溶洞群。

“山不在高，有仙则名。水不在深，有龙则灵。”飞来寺是一座石山，坐落在者东街后山的悬崖上。

走上 250 级台阶，眼前的景色随海拔的不断升高而改变，山峰与蓝天一起被白云包裹，似乎飘在空中的就是飞来寺。山下有一个寨子叫白马山，村脚奔流不息的是者干河，与者干河一起向上延伸的是一条通往九甲千家寨蜿蜒的柏油公路。河的对岸是新建的者东镇、镇沅三中和村庄。

飞来寺的主峰，满山都是耸立的奇石、怪石。有的是一丛怪石挤在一起围成一堆似一朵朵含苞欲放的荷花，有的是一块巨石独立成形似一把欲刺破苍穹的利剑直指天空，有的石块则似仙家随手撒落的棋子满山摆布。除了这些怪石外，还有一片几千平方米的平

飞来神石

地。每年农历二月份，当地的老百姓都会来飞来寺祭祀，举行隆重的畲葩节，舂粑粑、打陀螺、拔河、唱曲子、跳歌……

传说明朝时，山下的老百姓在一游方高人的指导下，要在山下盖一座寺庙。材料都准备好了，一夜间却不翼而飞，村民随后在山顶上找到了木材，于是就在这里建盖了寺庙，这就是飞来寺的由来。

这一方寺庙的神灵于是享受着当地百姓的香火、保佑着当地的生灵。此后，飞来寺的名头越来越大，引得四方香客闻风而来。

来飞来寺除了烧香拜佛，还有一个去处，也是人们来飞来寺的另一个原因。那就是，溶洞探险。飞来寺东边几百米的地方有一个洞，名叫风洞。据传洞深千米余，与山脚下的者干河相通，洞口常年有风吹出来，因而得名风洞。东边的山崖上，还有一个老虎洞，古时候这些地方是原始的古丛林。

者干河畔还有“和尚洞”和“教师洞”。沿者干河上游走，离飞来寺五六公里的营盘山脚下就是和尚洞。相传明朝时有一个游

方和尚在此住过，洞里的石壁上还留下了一些诗词、古画。那些诗词、古画不是石刻，是用墨汁写画的，经不住岁月的流逝，已经模糊不清了。和尚洞长40余米、高8米、宽5米，洞口下方十几米远的地方，有一条清悠悠的小河，匆匆而去汇入者干河。站在洞口沐浴清凉的河风，就着潺潺的流水，聆听着对门山上教师洞的孩子们咿呀的读书声，泡上一杯普洱茶，想一想那是多么的惬意啊。

和尚洞与教师洞隔河相望，两座山峰像两扇门，地理位置十分险要。山后面的崇山峻岭可以藏兵，山腰的两个山洞可以监视敌人，也是攻击敌人的最佳位置。相传明朝农民起义的溃军，正是在此躲藏。和尚洞里有一落款为周士弘的诗写道："浮生底事三心苦，老眼应知四海空。怀我留题疥峭壁，毫端隐止走龙蛇。"感慨沧桑人世，四大皆空跃然纸上。

者干河畔的大白岩洞，离和尚洞五六公里，大白岩洞的景致与飞来寺的风洞、和尚洞和教师洞截然不同。大白岩洞是一座地下宫殿，分两层，下层是水洞，上层是旱洞，水洞最值得观赏的是"瑶池浴女"的溶盆。汩汩的泉水从半空中的断崖喷薄而出，落下来冲刷出一个天然的石盆，那溅起的阵阵水雾似一块透明的绸纱，轻纱中似有美丽的仙子在沐浴。旱洞非常宽敞，空间要比和尚洞大得多，洞里栖息着成百上千的蝙蝠，洞顶上到处是倒垂的钟乳石，各种各样的形态应有尽有，洞顶上烟熏火燎，洞中到处都是厚厚木柴灰，有先前人类活动的痕迹。出得洞来，

❶ 者东飞来寺大门

❷ 者东飞来寺奇观

和尚洞

满眼光明，游历白岩洞仿佛是一场怪异的梦。

者干河畔一年四季除了春天就是冬天，者东虽然身处哀牢山腹地，但是因为有者干河的低海拔，所以山里的气候也很特别。这种独特的山中小坝子气候，加上日夜不停的者干河千万年的冲刷堆积，一个丰饶的小坝子就形成了。河两岸风光秀丽、人杰地灵、物产丰富，世居的二十几个少数民族和睦相处。美丽的者干河畔梯田晃出一片片丰收的麦浪，川流不息的车辆跑出的是新时代农民的梦想。

者干河畔物产丰富，处处是热带水果，如香蕉、西瓜、菠萝、芒果、甜橙，也有核桃、花椒、甘蔗和云雾普洱茶……

# 大雪锅山览胜

“横看成岭侧成峰，远近高低各不同。”这就是大雪锅山。大雪锅山像一幅画卷，春看花草，夏看绿叶，秋品果实，冬赏雪景……

大雪锅山，因为山顶上有一片凹地，形似一口大锅而得名。大雪锅山山势雄奇、挺拔，在哀牢山万山丛中一枝独秀。

“横看成岭侧成峰，远近高低各不同。”这就是大雪锅山，大雪锅山之所以如此神秘，就在于它在群峰叠翠、茫茫无边的哀牢山中或伸出一个头，或伸出一只胳膊，神龙见首不见尾。

大雪锅山像一幅画卷，春看花草，夏看绿叶，秋品果实，冬赏雪景。

春，就像一幅舒展的画卷，山脚下农家院子里桃李争芳吐蕊的时候，大雪锅山还像个怕冷的睡美人，拢着裙袖站在凛冽的寒风中。山下的桃树、李树挂上葱绿的果实，大雪锅山的春才姗姗来迟。大雪锅山有上百种不同种类的花，不说别的，单说山茶花就有几十种，花色也各有不同，大小形状

各有千秋，当中的一种白山茶花，还是地道的美食。赏春在于观花的美！在万花丛中的人，最嫉妒的就是那些蜜蜂和蝴蝶，恨自己为什么不是蜜蜂、不是蝴蝶，恨自己没有翅膀，不能在花间飞来飞去，尽情地享受和鲜花亲吻、嬉戏。

夏、秋的大雪锅山，有品不完的山茅野菜和野果。大雪锅山由于海拔高的缘故，山上的植物多矮化变成了地衣。其中有一种树，当地人称它为“救军粮树”，果实如黄豆般大小，熟了的时候果实颜色是紫色的，味道甜中带点酸味，非常好吃。“救军粮树”的得名是有来历的，传说诸葛亮南征穿越无量山和哀牢山时，军队人困马乏，饿得两腿发软、眼睛发绿，山上找不到吃的。官兵们发现附近有一种树的树枝上挂满了紫色的果粒，官兵们饥不择食，摘下那些紫色的果粒全部吃了，等第二天非但没有出人命，还个个精神抖擞。诸葛亮知道后就给这种树取了个名字叫“救军粮树”。

杜鹃花

冬，在大雪锅山山顶看风景，有游客曾经形容站在大雪锅山山顶，看得见昆明城吃过桥米线的人。大雪锅山冬天里没有山岚雾瘴，山上清爽得一览无余。看日出是大雪锅山的一大胜景，绿油油连绵起伏的层峰山峦，犹如波涛翻滚的大海，无边无际，苍穹之下黎明之前最后的黑纱依恋着山峦退去，清澈的天空抹去星星最后的弱光，大雪锅山的东方微光渐渐出现了。继而是一条线，旋即就蹦出一个红彤彤的圆球来，红彤彤的圆球嫩生生的，一点也不灼眼，只是红得发紫。紫气渐渐退去，光由紫变白，太阳的霸气也显现出来，裹在山头上的那些雾开始不安分起来，四处乱窜，在一座座山头间揉来揉去。末了，在太阳光的驱赶下，才不甘心地离开，飘然而化作无形。这时的大雪锅山才越发俊俏、挺拔。

在大雪锅山的原始森林里，矮化的树木逐渐长大长高，形成茂密的原始丛林。因为远离人类的缘故，大雪锅山植被完好，没有人类破坏的痕迹，一切都保持着生态原始的模样。林子里有很多参天的灌木，肉眼看去，有脸盆大小，被原始

的树毛包裹得严严实实，就像是人穿上了伪装的服装一样。其实树没有那么大，撕开树毛，那树不过碗口粗细。在这旷古无边的丛林里，动物种类繁多，有大灵猫、水鹿、懒猴、黑长臂猿、短

大雪锅山

尾猴、菲氏叶猴、穿山甲、黑熊、苏门羚、斑羚，还有白腹锦鸡、白鹇、原鸡、绯胸鹦鹉等珍稀保护鸟类。大雪锅山主峰西北部约20公里处有大片野生茶树林，有2株堪比“世界野生茶树王”。大雪锅山具有雄奇秀美的特色，是科学考察、登山探奇、观察珍稀动植物的好地方。大雪锅山还是各种中草药的原生地，像岩松、岩七、金线吊葫芦、乌头等等名贵中草药数不胜数。

大雪锅山的山腰上有一个土地庙，虽然庙建盖得不大，但贡的都是山神。庙前有片几十平方米的空地，一条茶马古道横贯其中，这是一条由镇沅东出昆明的古驿道，山神庙正是这些过往客商修的，可以拜山神、祈祷，也可以歇脚纳凉。在这幽深静谧、古树参天的大山里，来来往往、川流不息的马帮客商喧嚣嘈杂响彻山谷，想必山神土地不寂寞，大雪锅山更不寂寞了。大雪锅山的美正如养在深闺人未识的杨玉环，正等待着你的青睐呢。

雪锅山上各色奇花

# 白鹭繁衍的天堂

振太河谷的田间或河床上，一群群的白鹭洁白的身影点缀着青山绿水。这里榕树、竹木繁茂，绿草如茵，环境幽雅，人鸟和睦相处，白鹭自由自在，振太河谷是它们繁衍生息的天堂。

白鹭又称“鹭鸶”，属鸟纲鹤鹳形目鹭科，是世界上受保护的珍禽之一。白鹭繁衍栖息于振太河谷，已有上百年的历史。由于振太河谷沿岸村民爱鸟，鸟自知情，天长日久，白鹭和这里的人们情谊日深，和睦共处于一方乐土，出现人鸟一家亲的动人情景。每当清晨、傍晚，白鹭结聚嬉戏，错落有致，鸣声回荡半空，蔚为壮观。

上百年来，白鹭从未离开过振太河谷，这里成了白鹭的天堂。

振太河谷的白鹭和村民和谐相处，得益于河谷沿岸村民自古坚持保护环境与改善生态，为野生鸟类、野生动物提供良好的生存环境。苍翠的树林、澄澈的河水和依山傍水的自然环境让白鹭安家落户，形成“鸥鹭翔集”的美景。

在振太河谷沿岸的田埂上、田地间、浅水里，白鹭在悠

闲地啄食小虫、捕捉鱼虾，它们时而拍翅腾跃，时而钻进竹林或树丛嘎嘎鸣叫，给河谷和田园增添了许多生趣。白鹭，一种亲近田野的鸟类，那雪白的羽毛，那流线型的身材，那铁色的长喙，那青色的脚，增之一分则嫌长，减之一分则嫌短，素之一分则嫌白，黛之一分则嫌黑。晴天的清晨每每看见它们成群结队地站在榕树的顶端，看起来不是很安稳，而它却很悠然，这是别的鸟很难表现的一种嗜好。人们说它是在望哨，可它真是在望哨吗？黄昏的空中偶见白鹭低飞，更是乡居生活中的一种恩惠。

在振太河谷沿岸上，白鹭最多的时候达到上千只，飞来落下的白鹭成了振太河沿岸的一道亮丽风景线，闻名周边。每到春夏交替

时节，也是白鹭活动最繁忙的季节，四处捕食，养儿育女。这时振太河沿岸的油菜花正是绽放的时候，水田里长满了青绿勃发的浮萍和水草，稠密的水生物结成了一层厚厚的草毯子，东一块、西一摊地漂浮在水面上。河中的小鱼儿、小虾米穿来游去地嬉戏。这时候也是白鹭觅食的黄金季节，有的白鹭来到河边浅水区，悄无声息地在河边走着，有的白鹭来到水田中的草毯上。它们看似轻身漫步，很悠闲的样子，其实双眼在一刻不停地扫视着水中的变化和微小的动静，冒失的小鱼、小虾玩昏了头，胆大地冒出水面，一旦被伺机等待的白鹭发现，小命就很难保了。捕鱼觅食的白鹭，这时候会突然将脖子伸长拉直一大段，发动进攻，尖长的喙像筷子伸向碗中夹菜一样迅猛，冷不丁将全然不知的小鱼儿牢牢地夹在嘴中，这就是白鹭练就的高超的觅食本领。美餐一顿后，白鹭“扑棱棱”地张开翅膀，飞向不远处的榕树杈上或竹林

振太兴隆白鹭群

顶上休闲去了。

振太河谷上千只白鹭，每年都只集中选择在一丛竹子和一棵大榕树上筑巢繁衍后代。振太兴隆小学外一棵高约30米的大榕树，榕树枝繁叶茂，像一把撑开的雨伞，在榕树旁边，还有一丛竹子，那里是白鹭常年歇息的地方。晚上，榕树上和竹子上栖息着密密麻麻的白鹭。当然，白鹭也会选择在其他地方歇息，但从来不离开振太河谷。因为这里的白鹭很安逸，除了环境优美的振太河谷为之提供充足的食物外，人类的宽容与理性至关重要。如果人类生活的环境里湿地多些，如果人类与动物永远和睦相处，那么，一个秀丽的鸟语花香的家园便离我们不远了。也许，在镇沅的每条河谷中会出现更多的白鹭，充满人与鸟和谐的期许，不负上天对这方热土的厚赐。

白鹭家园

## 乡村梦境

走进今天镇沅的乡村或是城郊的村落，真是花遮柳护、凤楼龙阁，昨天的茅草房、土坯房、杉片房装进了历史的档案袋里。近处镇沅城郊的村落，似乎瞬间换了容貌，像窈窕淑女，青瓦白墙的欧式别墅噌噌地冒了出来。远处的乡村山寨，大道直通村口，房前屋后瓜果蔬菜、花圃连片，眼前是一幅如画如诗，富有乡村特色，又不失自然乡村景色的美景，处处流淌着宁静。

走进镇沅的乡村，花园式村寨，一幢幢青瓦白墙的欧式别墅展现在眼前。

不是梦境，那是演绎着农村发展的新篇章，走过农家休闲的广场，走进那一栋栋新颖的小洋楼，饱经风霜的乡亲，把奋斗的足迹印在宽敞的通村大道上。站在乡村的樱桃路、李子路、桃子路入口，极目所至，寨子是一派春色盎然、生机勃勃的景象。春风轻拂农家甜蜜的气息，漫过乡村的天空，那是乡村曾经散落的诗行。田间的坎坷小路已变成通衢大道，滋润庄稼的甘露在水泥凹槽上欢快地流淌。通村路旁，整齐漂亮的景观村，欢迎着远方的来客。休闲农庄里灯火闪烁，村中的广场弦响歌起。行走在祥和静谧的乡村里，任凭晚风吹来，倾听着久违的天籁清韵。清澈的自来水哗哗流淌，世代的村民告别苦涩的井水，水龙头流出农民的期盼。农家书

屋，满是村民的笑脸；电子阅览室，时尚的村姑在网上与远方打工的小伙子拉家常。

有些空寂的村落，秋雨后的午日，深秋的景致，显得格外澄清，让我的心也变得透明起来，村子里处处充满秋色，古老的青树葱郁满枝，撑满村落的空间。寨子里总看不见袅袅升起的炊烟，

也没有看到堆积如山的木柴，路边的空地上开满树花、藤条花、草花，野藤爬满围墙，麻雀不时从墙头的枝叶后窜出，又匆匆消失在村落间。空气中弥漫着林木、青草和花儿的芬芳，还有湿润泥土的气息，这是勐大大仓村的景致。

眼前的一切，让我真不敢轻易开启记忆的闸门，怕那丝丝入扣的乡情纠缠于心，诱发思乡之情令自己心神不安。浪漫的都市生活，恬静的工作空间，还是难掩那份思念，瞬间便波浪翻腾再也按捺不住那颗躁动的心。思绪一泻千里，情定那片养育自己的山村，我那山村站在哀牢山深处名不见经传的山坡上。属丘陵地带，土地肥沃，绿水青山，可现在人去寨空，青山、流水、古寨、老树、小鸟成了过去，古寨宁静了，溪水也只是轻轻地流淌，鸟儿偶尔啼叫几声，一切恢复了大自然的本来面目。

走进今天镇沅的乡村或是城郊的村落，真是花遮柳护、凤楼龙阁，昨天的茅草房、土坯房、杉片房装进了历史的档案袋里。近处镇沅城郊的村落，似乎瞬间换了容貌，像窈窕淑女，青瓦白墙的欧式别墅噌噌地冒了出来。远处的乡村山寨，如今条条大道直通村口，寨内串户路硬化到了家门口，房前屋后瓜果蔬菜、花圃连片，优质的高山矿泉水自流进寨子的庭院，那些村寨的大小水井走完了使命，已经封井休闲，像安详的老人静静地守护着寨子，笑看农家日月翻番。桃花映红蓝天，油菜花儿黄灿灿，鸡鸭棚成排，猪牛羊圈连片，规模化种植、养殖赚回丰厚的利润，富了我们的乡亲，叹乡村今非昔比，真是敢教日月换新天！

❶ 美丽乡村

❷ 山乡唱晚

改革开放的红利，像春天披着五彩斑斓的外衣

悄然来到乡村，春姑娘轻快的脚步走过村寨、田野、稻田，处处绿意盎然，时时春光明媚。乡村到处可以看见黄昏中老年人在怡然自得地散步。在旭日东升时年轻人开着农耕机，骑着摩托车一派忙碌的景象。春天的活力在每个人的血液里沸腾，仿佛压抑了许久的壮士正在施展他的拳脚、正在释放他的活力。走进镇沅美丽乡村的各个村落，随处盛开着文明的花朵，家家户户随时绽放着那幸福的笑容，乡村人的内心里洋溢着的是富有特色的镇沅文化。物质富了不算富，物质和精神都富了才是和谐社会的富裕、富足的体现。镇沅人明白这个道理，也实践着这个道理。在建设新农村中，他们不照搬别人的经验，而是充分利用乡村已有的资源，进行深入开发、拓展。将地缘文化和孝德文化融为一体，将精神文明和物质文明的支

1

❶ 振太白沙田美丽乡村

❷❸❹ 美丽山乡 美景如画

持激发作用淋漓尽致地挖掘出来。这一切都是与镇沅长期坚持用先进文化熏陶广大人民群众的措施分不开的。在建设美丽乡村的过程中，村寨里图书室、娱乐场所、远程教育中心一应俱全。村民在家门前就可以获取精神营养、学习到致富本领。镇沅建设新农村正奏响嘹亮的凯歌，走在奔小康的康庄大道上。

农民富了，镇沅城郊寨子如雨后春笋般拔地而起的小洋楼足以证明。村民的洋楼一幢一幢立起来，一幢比一幢大，一幢比一幢漂亮。家家户户的房前屋后鸡鸭成群、果树满园、绿树成荫，好一派生机勃勃的田园风光。

生产发展了，发展生产是社会主义新农村建设的中心环节，是实现其他目标的基础。种植业、养殖业，农家乐、加工业等形式多样的产业如破土的春笋出现在乡村。

村风文明了，村民的思想、文化、道德水平不断提高，崇尚文明，崇尚科学，形成了家庭和睦、民风淳朴、互助合作、稳定和谐的社会氛围，教育、文化、卫生、体育事业蓬勃发展。村容整洁是展现新农村新貌的窗口，是实现人与自然和谐发展的必然要求。社会主义新农村呈现在我们面前的是人居环境明显改善、村民安居乐业的景象。

创新是一个民族进步的灵魂，一个民族想要立足于世界民族之林，就要发展。邓小平说得掷地有声的一句话：“发展才是硬道理。”让我们心胸开阔，农村是我们的母乳之地，我们没有理由不在这块土地上创造出和谐、美丽的家园。

# 第三章
# 茶树王下的绚丽情色

站在哀牢、无量两山神奇而又浓郁的原始森林里，搜寻被层层枝叶遮盖着的蓝色天空，一条弯弯曲曲的山路慢慢地染上了斑斓的色彩，在若隐若现的山光水色里，一种远古的尊贵和久违的文明扑面而来。在这片充满神奇却又无尽肥沃的土地上，孕育且封存了许多极古老又极新鲜的山风水俗，构成了情色交融的山地文化，如一簇簇绽放在崇山峻岭的绚丽奇葩，姹紫嫣红，如诗如画。

# 异彩纷呈的节日风景

在漫长的历史进程中，由于自然地理环境和社会历史发展的不同、风俗习惯的差别，镇沅境内居住的各少数民族在数百年里形成了与生命有关、与生存有关、与信仰有关、与审美有关的纪念、庆典、感恩性民族传统节日。于是，无论是在腥风血雨的岁月中，还是在太平盛世的轻歌曼舞中，这些方式便演变成了一个民族永远不可忘却的节日。它们牢固地、永久地存在于这些民族的文化和历史中。

这些与自然界季节更迭、祈求丰收、崇敬生灵、谈情说爱、传统习俗、宗教信仰等有密切关系的传统节日，是民族历史的活化石，是中华民族生活方式的集中体现，也是民族传统文化的生动展示。尽管镇沅境内各民族的节日在日期、内容、意义、方式等方面千差万别，但是它们都有稳定性、群众性、民族性和传承性的共同特点。镇沅各民族的节日已经历数百年历史，有的甚至经历了上千年的岁月，成为深深植根于镇沅这块大地上的一种文化现象。

## 火把节

**彝族火把节**　火把节是彝族人民最盛大的一年一度的传统节日，由来已久。民间流传着许多关于火把节由来和起源的传说，内容各异，形象生动，形式多样，构成了独特的火把节文化传说系

各族群众载歌载舞欢庆火把节

列。如阿南殉夫的传说，汉元封年间，云南叶榆酋长曼阿奴之妻阿南夫人聪慧、美丽，被汉将郭世忠看中。郭为霸占阿南，设计害死了曼阿奴，然后逼阿南嫁给他。阿南不从，在其丈夫火化时趁守军不备纵身跳入火堆中，焚身殉夫。人们为她的贞烈所感动，每年农历六月二十四日便点火把以祭奠之，相沿成习，遂成火把节。

镇沅彝族各支系人过火把节祭祀活动各不相同。倮倮人在这天要在自家的山地、园圃地和稻田各杀一只鸡祭祀，以期盼来年无灾无害、大获丰收，晚上要举行祭祀活动，叫回人魂、谷魂后就算过完火把节了。拉乌人过火把节，主要是祭祀祖先，这天除杀鸡宰羊祭祀外，还要把刚成熟的瓜、果、菜拿回来煮吃，以示以后无论吃什么瓜、果、菜都不会肚子

疼，不立火把，也不叫魂。倈俐人过火把节，当天各家各户要在自己家院场中央竖一个火把，晚上由家长左手点松明火，身上背香面（松香或朽木屑等配制成的粉末）小挂包，举行“撒火把仪式”，先从堂屋开始，然后到畜厩、鸡厩、瓜棚豆架、果树等处，通撒香面一遍，以示驱虫、驱邪，保护人畜庄稼。然后，家里有几个人就拿几个鸡蛋叫回人魂。有的倈俐人在过火把节这天不立火把，当晚在屋檐下，畜、鸡厩旁各烧一把火塘松明火，连续烧三个晚上，以驱除害虫，避免牲畜遭瘟疫。

镇沅彝族火把节仪式各有不同，有的在家里把祭品做好，抬到田地里祭祀，有的到田地里选好地盘，插上一枝青松毛后杀鸡宰羊，把鸡血、羊血滴在土上，烧纸钱、磕头，求田公地母保佑粮食年年丰收。中午，有的用松明树夹上松明子做成几丈高的火把，分别插在每块田地和院场中心，等到夜幕降临时一齐点燃。有的饮酒庆贺，举行摔跤、射箭、打秋千、打陀螺等活动。九甲、里崴、按板、恩乐一带的彝族，节日期间则更喜欢聚到一起，在大三弦和竹笛、芦笙的伴奏下跳“三跺脚”舞，对山歌。边弹边跳，边跳边唱，节奏强烈，情绪激荡，通宵达旦。

除此之外，还有政府专门组织的活动，节日活动内容丰富多彩，有火把队撒火把表演、龙狮队表演、篝火晚会、山歌对唱等形式。

## 十月年节

“十月年节”是镇沅哈尼族一年中时间最长、内容最丰富的盛大节日，哈尼语称为“扎勒特”，一般在每年的农历十月间举行，所以又叫“十月年”。

火把节

由于镇沅哈尼族的支系较多，其年节也较为复杂。哀牢

哈尼人的十月年节

❶ 唢呐迎亲
❷ 哈尼长街宴

山区的哈尼族以农历十月的第一个辰龙日为岁首，直到申猴日结束，历时五至六天。这时正值农忙刚过，鸡肥，猪壮，五谷瓜豆已经入库。大年第一天称为“美首扎勒特”，村村寨寨打扫得干干净净，人们穿上节日盛装你来我往，互相探亲访友、赶场集会，有的荡秋千，有的在山野草坪上摔跤游戏、对歌作乐，喜气洋洋。村寨里，在一阵阵古朴雄浑的铓鼓声中，妇女们舂糯米粑和团子面，男人们杀猪、宰鸡，烹制美味佳肴。到早饭时，每家都在大房门外杀一只大红公鸡，就地煮熟，全家共食，不能拿进屋内，称为“当欧夺”。当天，村中广场上架起高大的秋千，人们成群结队涌到广场，无论男女老少，都要荡上一荡，据说这样可使人终年幸福安康。青年男女也充分利用这个机会，以荡秋千为谈情说爱的媒介，不少人就是在秋千架上结成了终身伴侣的。

1

2

按传统习俗，年节的每天早饭前，每家都要用小簸箕抬着一盅酒、三个团子送到村口，倒掉酒，意为向祖宗敬献。然后将三个团子和一丁点儿肉送到同宗辈分最高的人家去，表示敬供长者、不忘宗亲。年节里，凡出嫁的姑娘都必须回到娘家恭贺新禧，外甥向舅舅讨压岁钱，姑妈、娘娘和姐夫、妹夫是“美首扎勒特”的尊贵上宾。

祭祀后，长街宴正式开始，“长街宴”是哈尼人“十月年节”的重要环节，其菜肴更具特色，主要有头刀菜（白旺）、油炸糯米粑粑、烧黄鳝、火烧干巴、木瓜煮鸭子、豆腐圆子、鸡肉稀饭、血巴肉、腊肉煮苦笋、猪肉、酸辣鱼等菜肴，十分丰富，具有传统风味。长街宴席上饮品有茶、小锅酒、米酒、大麦酒。所有参加年节的外地游客和哈尼族群众围坐在一起，品尝十月年节晚宴，感受古朴的民风民俗。夜幕降临，广场上响起了悦耳的三弦声，各族儿女手拉手在广场上愉快地跳起了“三跺脚”，远道而来的客人也纷纷参与进来。整个寨子到处洋溢着节日的喜庆气氛，把十月年节推向高潮。

## 畲葩节

在云南省西南边陲，镇沅县哀牢山中部一带居住着不到两万的拉祜族支系苦聪人，苦聪人每年农历二月初八举行隆重的“畲葩节”。

畲葩节是苦聪人群众性的祭祀文化活动。每年农历二月初八日这天，当地苦聪群众，以及从四面八方来的客人，大家汇集在寨子旁的大树下举行节日活动，整个苦聪人山寨充满节日的气氛。苦聪人的畲葩节同许多事物相联系，涉及太阳、篾笆、大树、葫芦、老松鼠、大公鸡、竹筷、水泥塘、神灵土锅、大米、茶叶等自然物质和工具。

苦聪选头人仪式

传说在没有人类之前，苦聪人的祖先“阔频默”（苦聪语称祖先），沉思了101夜来造人类万物，先种树，选来一棵树种在凡间栽下。99年还没有长出一片树叶，“阔频默”在树根浇了99年的水，树根长出一些藤条缠在树干上，同样没有长出叶子。又过了99年，藤子上结出一个大葫芦。“阔频默”觉得很奇怪，他把洗脸水浇在树根，突然一阵大风刮来，一片昏暗，下起了大雨，到处是一片汪洋。他亲手栽的树杈枝被风刮断，掉在地上变成了一只松鼠，跑到葫芦底下，咬通了葫芦。“阔频默”看到波澜壮阔的汪洋思考了一夜，诏书治水，召来“篾笆妇夫”，并召“娜米姑娘”来协助，他们携带一口土锅、一床遮风避雨的竹编制的篾笆，带着圣旨，踏上了治水的征途。来到离地球不远的地方休息时，娜米姑娘过度疲劳睡着了，篾笆妇夫看到环境十分恶劣，趁娜米熟睡的时候，悄悄地来到地球上。娜米醒来，妇夫不见了。她唤天不应、呼地不灵，在哭声中，突然袭来一束光芒，那束火球似的光芒变成了太阳。从此，娜米姑娘成了太阳女。“阔频默”就用娜米姑娘造出了太阳，有了今天苦聪人的女儿似太阳、男儿似月亮的美丽传奇故事。

篾笆妇夫来到地球上，为了治水，用土做锅，用葫芦砍开做瓢打水，打水来锅里烧水。不知烧了几万年，洪水打干了，只在低洼的地方积有少量的水。篾笆妇夫烧水数万年而劳累，休息了一会儿，把“阔频默”发的治水圣旨放进烧干的锅里，把篾笆盖在锅上。他们休息醒来时，烧干的水变成蒸气升上空中成了云雾，锅砖石变成了高山，低洼剩余的水变成箐水和河流，水多的地方成了湖泊和海洋。篾笆妇夫揭开锅上的篾笆时，圣旨变成了一位漂亮的姑娘和朴实的伙子，篾笆成了蓝天。从此，“阔频默”造出了山、水、树、太阳、月亮、锅、葫芦，人男女一对，这对朴实、漂亮的人，即苦聪人，苦聪人是从锅里走出来的，即自称“锅搓”，苦聪语中“搓”即人。意为苦聪人是从锅里走出来的。

苦聪人为了纪念拯救自己的生命之水，选择在每年水位最低的时节，即二月初八日，进行纪念活动。这天，男女老少集会在寨外的大树下，举行祭祀活动，保护大树，世代相传。过“畲葩节”而选定的纪念大树，只要那棵大树存活一天，任何人不得随便改换。若大树自然枯死，才能改换纪念树，表现了苦聪人的纯朴、忠贞，展现了一个民族的美好心灵。故此，苦聪人过“畲葩节”，选用的树、葫芦、篾搭拉、

苦聪选头人仪式

苦聪祭祀

老松鼠等，都蕴含着内涵深刻的历史文化。

过完新一年的“畲葩节”，接着就选举下一年的头人，通常用三根鸡毛，插在老松鼠的眼、鼻、耳上，形似梅花，再用一个葫芦钻通一个口，把老松鼠放进葫芦里，鼠头向外，将葫芦置于有水的泥塘。若没有水塘，则用木盆或土锅，装满水，把葫芦和老松鼠放进水里，用竹筷顺时针搅动水，符合参加选举条件的人围成圈站在木盆边，当旋转的葫芦稳定后，松鼠头对准谁，谁就是下一年的头人（阔频默）。当晚就在头人（阔频默）家，举行新老头人交接仪式，仪式非常壮观。交接仪式那天，全寨人都出力帮忙，在新头人（阔频默）家院场搭起“篾搭拉棚”，摆上宴席，大家围在篾笆桌旁，饮酒，并举行歌舞表演，庆祝来年主办“畲葩节”的头人（阔频默）的选举产生，祈求全寨人在新的一年里风调雨顺、五谷丰登、六畜兴旺、生活幸福。

## 鳌鱼节

位于镇沅按板镇西部约40公里处的老乌山上，镶嵌着一个山清水秀的小山村，名为那布村。村旁有一个库容不是很大的水库，名叫菠萝坝水库。菠萝坝水库水面碧波荡漾，四周群山环绕、松柏翠绿、百鸟归栖。每年农历四月十六日，按板镇老乌山及周边乡镇的村民都要聚集在这里举行隆重的鳌鱼节。

农历四月十六日，老乌山的太阳出得早，清晨8点，整个老乌山已是阳光灿烂。轻风沐浴着美丽的菠萝坝水库，水面荡起的层层涟漪在阳光的反射下，显得格外耀眼。此时，许多山民从四面八方朝菠萝坝簇拥而来。不多时，整个水库大坝便齐刷刷地列出了长长的两路纵队，他们手拿香纸、烟酒、仔鸡、腊肉等各种祭品，准备叩拜“鱼神”。鳌鱼节上最隆重的活动是祭“鱼神”，但不立“鱼神”牌位，参拜时所有人均面朝水塘虔诚叩首，意为“鱼神”就在水塘深处。

关于鳌鱼节，有一个神奇而美丽的故事。相传，按板镇老乌山的菠萝坝水库几百年前是个天然水塘，水塘里住着一只巨大的鳖，这只鳖被当地老百姓称作“鳌鱼”，它掌管着老乌山的每一寸土地和花草树木。农历四月十六日是它的生日，在它生日这一天，谁要是动了老乌山的土地或植物，它就会生气发威，致使整个老乌山地动山摇，甚至让老乌山土地荒芜、颗粒无收。至今还流传着“鳌鱼眨眼千山动”的说法。所以，每年的农历四月十六日，老乌山附近的老百姓都不劳作，纷纷带着全家老小和准备好的各种食物自发来到水塘边，燃起篝火，杀猪宰牛，喝着米酒，为“鳌鱼”庆祝生日，祈求鳌鱼神保佑人间岁岁平安、事事顺意。

鳌鱼节活动延续至今已经有上百年的历史，而且祭祀氛围一年比一年隆重，就连周边的振太镇、勐大镇及景谷县的民众也会慕名前来参加。据当地老百姓口述，鳌鱼节这一天常常是“十年九雨”，几乎每年过鳌鱼节时大晴天也会突降大雨，既使节日当天不下，节后三天内也会下雨。传说那是鳌鱼因人们为它庆祝生日而受感动流下的泪水。只要鳌鱼节下雨，当地的村民就会异常高兴，因为这预示着全年都会风调雨顺、五谷丰登、百姓安康。

## 起龙船

在无量山深处的文立彝家山寨，传承着一种名为“起龙船”的民间祭祀活动。传说千百年前，彝族的祖先从外地迁徙至此后，总是灾难频发，特别是虫灾猖獗，各种农作物连续几年都没有收成，不少人饥寒交加，部分人抱病身亡。人们都觉得不能在此生存下去了，逃荒的人一年比一年增多，寨里的人一年比一年减少，各房族寨老非常着急，寨里请道士招龙、请神、请巫师看香、送鬼，但都无济于事。后来，不知从哪里来了一个化缘的僧人，通过占卜发现是一条悄悄跟随彝人迁徙而来的鸡龙撒尿浇在山神和土地的头上，惹火了山神和土地，遂将虫灾、病灾降临于此。僧人告诉寨人用“起龙船”这种方式，每年都把鸡龙送到河里去，才能让山神和土地安宁，且不再降灾。后来寨人按此做了，结果病虫灾害再没有发生。由此，起龙船活动就产生并一直延续至今。

文立系镇沅县按板镇的一个行政村，坐落在一个狭长的山谷里。依山而建，四周植被密集，绿树成荫，值春暖花开时节，漫山遍野鸟语花香，青翠欲滴。这里不但景色优美，而且村风纯朴，村民和睦，曾创下了新中国成立以来无刑事案件发生的纪录。

起龙船活动时间为当地每年春耕结束后的第一个属龙日，在清晨的雾色里，全寨老老少少拿着香烛、纸钱，抱着公鸡来到寨中央的一块空地上，抬出事先扎好的鸡龙，点上香烛、燃上纸钱、鸣放炮竹，祭司边念咒语，边把从鸡冠上掐出的血涂于龙眼上，表示龙眼已点亮，活动可以正式开始。

首先是由各家户主依次进贡，把带来的米、肉、香、纸等祭品摆放到鸡龙前叩拜。叩拜完毕，两名壮汉抬龙起立，四名号匠吹起雄浑的大圆筒号和过山号，祭司念动祭语引路，号匠、抬龙人、持宝剑的大将、提铲钗的小鬼、牵羊人、挑

祭品人、民众等紧随其后，一路浩浩荡荡涌入各家各户进行“驱邪”活动。每到一户人家，大将和小鬼都要手执兵器到所有房间驱除“祸祟”。这样轮流走完所有人家后，众人将龙护送到村旁的三岔河中央，置于搭好的龙船上，祭司在河边小坡上朝水流方向点上香烛、燃上纸钱，又一次十分虔诚地念起祭语，祈求风调雨顺。念毕，一班年轻人将牵来的山羊按倒在龙船上，头朝水流方向进行宰杀，老祭司割下一撮羊胡须，蘸上羊旺子（鲜羊血），用棕绳把羊捆扎后吊在树杈上待用。宰杀完山羊，所有到场人员忙碌起来，有收拾羊的，有洗菜的，有煮饭的，还有做羊角酒喝的……七手八脚，各尽所能。不多时，香飘四溢的鲜羊肉味在整个河沙坝萦绕，其他饭菜也就位了，人们围在锅边一个挨着一个蹲着就餐，其情景热闹极了。特别是男人们几盅之后，还猜拳行令，把祭祀活动变为

把酒对歌

欢乐的野炊。因为在他们心目中，所有的灾难已被驱除，感到无比尽兴。吃完饭后，祭司安排男子把龙及龙船焚烧于水中，并把蘸了羊血的羊胡须发放到每家每户。据说只要把这种羊胡须挂到自家的畜厩里和田地边，就可保当年粮丰、畜旺、人健康。

起龙船的当天晚上，还要举行一些娱乐活动。寨老们邀请邻近的彝族兄弟姐妹到寨里来饮酒叙旧、唱情歌、跳芦笙舞，老人们喝酒、吹芦笙，载歌载舞欢庆五谷丰登，祈祷来年丰收。年轻人有唱盘古歌的、有唱情歌的，也有谈情说爱的，气氛非常热烈，让人回味无穷。

夜深了，对歌仍在继续着，月光显得格外柔和，彝家山寨的夜晚显得格外明亮、美丽……

文立起龙船习俗虽带有一定的迷信色彩，但不能简单地视为封建迷信活动。它是当地彝族古老的传统习俗，是彝族民众优良品德的具体表现。同时，也体现了无量山彝族人民勤劳善良、聪颖智慧，向往太平盛世的美好愿望，显示了彝族人民热爱生活、保护家园，与自然灾害做斗争的勇气和生活理念。2005 年，文立彝族起龙船习俗被市人民政府列入传统文化保护名录。

## 爬树拔棕比赛

在镇沅，逢年过节的时候，彝族喜欢赛陀螺，哈尼族偶尔组织秋千赛，苦聪人喜欢爬树拔棕比赛。

苦聪人的爬树拔棕比赛，是一种民俗，是一种苦聪人特有的传统竞技项目，可以让参与者愉悦身心、彰显自我，进而受到长辈的称赞、得到孩童的敬佩，甚至赢取姑娘的芳心。

爬树拔棕比赛程序并不复杂，比赛前，根据参赛人数多少选取同样数目的棕树，用石头、木料等材质调匀所有棕树攀爬距离的高度。比赛时，参赛者站于树下，以蜂筒鼓声为令，以一曲反弹三弦计时。鼓音三响，参赛者奋力向上攀爬到规定高度并开始拔棕，反弹三弦曲终令止，以各自所拔棕匹数多少确定名次。

传说旧时生活在哀牢山深处的苦聪人种了很多棕，棕匹成熟时，就拔下来做棕衣或盖在屋顶当瓦遮风避雨。苦聪头领为了刺激部落族人多拔、快拔棕匹，就在每年棕匹成熟时举行爬树拔棕比赛。爬树拔棕比赛既陶冶了民众的情操，又能在欢快的活动中促进生产进程，可谓一举两得，备受历代苦聪人的举荐、推崇和称赞。爬树拔棕比赛的独特之处就在于它产生于高寒贫瘠的边地，流传于文化极为落后的民间。

爬树拔棕比赛

# 舞尽杨柳婆娑月

镇沅是民族文化的摇篮，以名类繁多、风格鲜明的乡土歌舞，仪态万千的舞姿，情兴浓炽的歌声，异音交叠的古乐，组成了生气勃勃的民间艺术。

## 彝族芦笙歌舞

上帝缔造了天地，天地孕育了人，人在地上行走，进而奔跑、起舞、放歌，久而久之便形成了可即兴表演且风格相对稳定的歌舞。这种原生态的民间歌舞总是伴随着山民的生产生活，激励着人们的斗志，号召人们去抗争、去奋斗、去开创幸福甜蜜的美好未来。

在镇沅，只要有村寨的地方就有民间歌舞，彝人的彪悍、哈尼人的豪放、苦聪人的温婉都会在他们各自的歌舞中吐露得淋漓尽致，使人沉醉，让人敬仰。

自古生活在镇沅按板镇文立村的彝家人，凭着自身的勤劳和智慧，创造了许多优美并流传至今的传说故事、歌舞、戏曲，成为彝族乃至祖国文化遗产中的一个重要组成部分。

仅一句"一天不唱曲，夜里睡不着；三天不跳歌，脚板痒嚁嚁"的俗语，就足以说明文立彝族是一个能歌善舞的民族。只要走进文立大山，就会听到阵阵美妙的歌声从弯弯的山路、密密的树林、潺潺的泉水边传来。那歌声自然、质朴，像山风一样清新，如泉水一般流畅。走进文立彝家山寨的夜晚，便会看到轻盈优美、神形兼备的芦笙歌舞。文立彝族芦笙歌舞既是山民表情达意、沟通交流的手段，更是舞者、歌手之间智慧、才艺、才情的竞赛。在欢快的芦笙舞中，那些韵味十足的舞者和口若悬河的歌手，除了让对手敬佩和折服，更能赢得异性的爱慕。为此，有许多彝族青年因芦笙歌舞相识、相悦而相恋，最后喜结连理。

相传盘古开天地之时，大地一片荒凉。那时，彝族祖先仅靠狩猎为生，用飞禽走兽的皮做衣、肉为食。为了解决捕获鸟兽的困难，当时一个心灵手巧的小伙子，在林中砍下竹子，做了个芦笙，模仿鸟兽的鸣叫和动作吹跳起来，以引诱各类鸟兽。从此，人们每每出猎均有所收获。于是，芦笙舞就成了文立村彝人生活的必需而世代相传。

芦笙歌舞，在芦笙和笛子声中，人们手牵手围成一个大圆圈，和着芦笙的节拍跳起了欢快的芦笙舞。轻歌曼舞像燕子伏巢，疾飞高翔像鹊鸟夜惊。美丽的舞姿闲婉柔靡，机敏的体态轻盈如风。他们的曼妙绝伦，她们的玉洁冰清，志在高山表现峨峨之势，意在流水舞出荡荡之情，特别是在表现山民耕作、狩猎的生活场景

文立彝族芦笙舞

时，风格粗犷豪放的舞姿更是震撼人心。

文立彝族芦笙舞共有32套舞曲。舞蹈中的动作，大致可分为表现生产劳动、日常生活和模拟鸟兽的舞蹈。名称有马四蹄、羊撕打、闻鸡起舞、砧板切肉、黄鼠狼瞄蜂、大佛爷家杀羊、大黄牯子砸羊头、野猫拖鸡、懒婆娘扫地等。文立彝族芦笙舞，是一种以男子边吹“芦笙”边以下肢（包括胯、膝、踝）的灵活舞动为主要特征的传统民间舞蹈，大多在年节、集会、庆贺等喜庆时刻表演。表演者虽谈不上有很高的艺术造诣，但从他们流畅娴熟的舞步中，让人领略到的是热情、是奔放、是大山的情怀。

在文立，人们从儿童时起就开始学吹芦笙和跳芦笙舞。凡是在演奏和舞技上出众的芦笙手和芦笙队，都深受群众的尊敬和爱戴。在过去，青年小伙子会吹芦笙，能跳芦笙舞甚至都成为姑娘们择偶的重要条件之一。

文立彝族芦笙舞

文立彝族民众舞跳得好、歌也唱得不错，他们边舞边歌。

女：哪个上坡脚不酸，哪个挂郎泪不汪，
挂爹挂娘不掉泪，挂你小郎泪不干。
男：眼泪汪汪你莫做，小郎望见咋忍心，
焦愁日子丢掉它，欢乐日子搭伙过。
女：当阳李子背阴桃，挂你小哥挂出痨，
左边肋巴气出病，右边肋巴气成痨。
男：三月茅草快如刀，小妹得病郎心焦，
要吃稀饭郎来煮，要吃涨水郎来烧。
女：三天不吃半颗米，黄皮柳叶因为你，
哪天得见郎的面，不用吃药病断根。
男：说给小妹不要挂，小郎做你撒气包，
只要小妹不嫌弃，日解相思夜解愁。

这些山歌不但唱出了彝山青年男女相互理解、相互包容，共同追求幸福生活的心愿，而且大胆地表露了彼此间深深的爱慕与相思。

文立彝族芦笙舞

文立村彝族对芦笙舞的热爱达到了狂热的地步，男人跳，女人跳，老人跳，小孩跳，连刚刚出生的婴儿也被母亲背在背上熏陶着。农闲的时候，他们白天唱着跳、晚上跳着唱，从日出唱到日落，从黄昏跳到天亮，那悠扬的旋律，久久地回荡在彝山深处，优美的芦笙歌舞，舞出了彝山人浓浓的生活热情。

美丽的舞蹈总是看不够，动人的歌声总是听不完。端起酒杯唱起来："彝家山寨漂漂亮，彝家美酒飘飘香，亲朋好友举起酒杯来，喝下这杯彝家酒，情深意也长。" 这是彝族原生态的敬酒歌。"文立山上好风光，山水田园披绿装，笑脸相送四方客，欢迎再来彝山玩！" 这是彝家姑娘送别好友的山歌。

"舞低杨柳楼心月，歌尽桃花扇底风。"民间歌舞是哀牢山、无量山地民族的脉搏、是彝族的心跳、是哈尼族的呼吸、是拉祜族生命的节奏，也是镇沅民众对幸福、喜悦、伤心和羡慕的情感表达。特别是文立彝族芦笙歌舞，全方位地展示了山民心灵里的喜怒哀乐，用语言追求真善美，用脚步实现民族梦，用每个动作和每一句歌词，组合成了民间歌舞这首格律诗，在大山峡谷不断吟诵、传扬，余韵如丹桂永远飘香。

## 九甲杀戏

曾几何时，流行于华夏神州的中原文化打破地域的桎梏，流入西南边地，走进哀牢无量，受粗犷而冷峻的无垠群峰之阻隔，便藏匿于芳草如茵的大山腹地，把惟妙惟肖的大唐风范彰显于当地民

间，与众多的山地民俗文化结为连理，并作为当地民间稀有剧种独树一帜。

在山峦迂回起伏、云海奔腾翻飞的神奇哀牢山涧，有一个美丽的地方叫九甲。九甲辖区不大，却足以让人在此幻想吸取天地间的灵气、突破凡人之躯，御剑飞行，追风逐月，星海飞驰，大可渗透天地间永恒的奥秘，以达到天人合一的境界。因此，这里除孕育了许多山地民族文化外，也传承了部分主流文化的精华，与当地民间文化相渗透。九甲杀戏，就是一种源流于他乡、盛行于当地的一个独特剧种。

杀戏流传于镇沅的九甲镇，通常仅于当地春节至元宵节期间的灯会活动中，按一定的程序，与当地耍戏（即花灯）及耍龙、舞狮、跳财神等联合演出，所演剧目约 30 个。如《本国封相》《三战吕布》《龙虎相会》《存孝收节海》《天宫》《观音送子》《白猿偷桃》等，多为历史、宗教题材折子戏。

杀戏，据说两百多年前就传入了镇沅九甲，因为演出形式以打打杀杀场面居多而得名。在九甲民间又被称之为“老砍刀戏”“大戏”或“正戏”，这种以形而论的名称，或许也就是当地人对事物命名的法则。九甲杀戏场面宏大、参与面广、娱乐性强，深受当地民众的喜爱。因此，自从杀戏传入以来，就被人们当作一种不可多得的传统文化艺术世世代代传承下来。

传统文化事实上是不同时期文化积淀的结果。因为它在发展中形成了一种独特的历史轨迹，从而形成一种“文化特性”，但“传统”并非一成不变。它随着时代的前进和文化交流的扩大，不断汲取新的营养而更加丰富，实际上是一个“继续自身创造”的过程。

杀戏，除春节大年初三到元宵期间的 12 天内必须演出外，视情况还在农历五月上演“秧苗会戏”，农历六月演出“保苗会戏”“瓦桥会戏”。 杀戏的演出形式有三种，一是与花灯、耍龙混

九甲杀戏

合在一起演出，二是杀戏专场演出，三是马灯演出。与花灯、耍狮、耍龙混合在一起演出的形式最为普遍，当地俗称“玩灯”，这种形式演出的杀戏主要是折子戏。演出顺序是：四盏排鼓灯出场，绕场一圈后分别站在场地的四个角，一名武将手执大刀舞蹈出场，砍杀四方，然后演出花灯歌舞，以耍狮、耍龙收场。杀戏的声腔具有独特的风格，声腔没有曲牌名。当地艺人把杀戏声腔称为老板腔、老古板腔，有的也称为大板腔。杀戏的声腔曲调结构有一个乐句、两个乐句、四个乐句、多乐句四种类型，其声腔只有慢板、中板、中快板，没有快板。演员演唱曲调则根据唱词内容、思想感情，在节奏、速度、音调上做变化，同一曲调有不同的唱法，武打戏《三战吕布》等剧中还有合唱。伴奏乐器有京胡、三弦、笛，打击乐有小堂鼓、小锣。武打戏中则有大号或戏号，用来加强战斗气氛。

杀戏唱腔中的各个曲牌，按节拍形式可分为有板（规整节拍）、无板（散唱）以及有板与无板相结合三类。有板类曲牌或为单一节拍（2/4 或 4/4），或以一种节拍为主，偶尔插入其他节拍。无板类曲牌节拍较自由，其松紧快慢由演唱者即兴处理。属第三类节拍形式的腔调较少，多属散板起唱，造成感情上的冲击，然后转入规整节拍，杀戏唱腔中还有一种较特殊的结尾形式，专用于全剧或重要唱段的结束，如《天宫》《三战吕布》等剧目用这种结束方式，并均为重唱该剧目的最后一句唱词。

杀戏的唱腔，按其旋律特征可大致分为叙述性和抒情性两类。前者多属散唱，唱词字位较为密集，其旋律音调以商音为核心，除上句的装饰性和下句的句中小拖腔较为稳定外，整个腔调均按“腔随字走、字领腔行”的原则进行，对唱词的语言声调有较大的依附性。旋律的起伏和当地方言阴（高平）、阳（中降）、上（高降）、去（曲折）的声调规律大体一致。后者多属规整节拍唱腔，唱词字位较疏，其旋律音调多以羽、商、角三音为骨干，唱段结束或为羽音、商音，或为在商音、宫音上形成的不稳定下滑音，也有强调微音者。为保持腔调的流畅性，语言声调的高低走向在旋律进行中常相对地处于从属地位，同一首词可有不同的两种唱法。杀戏唱腔中也常运用移宫犯调的手法，并多出现在同一唱段中两个不同曲牌之间，或唱段末尾转入专用结束句之处。

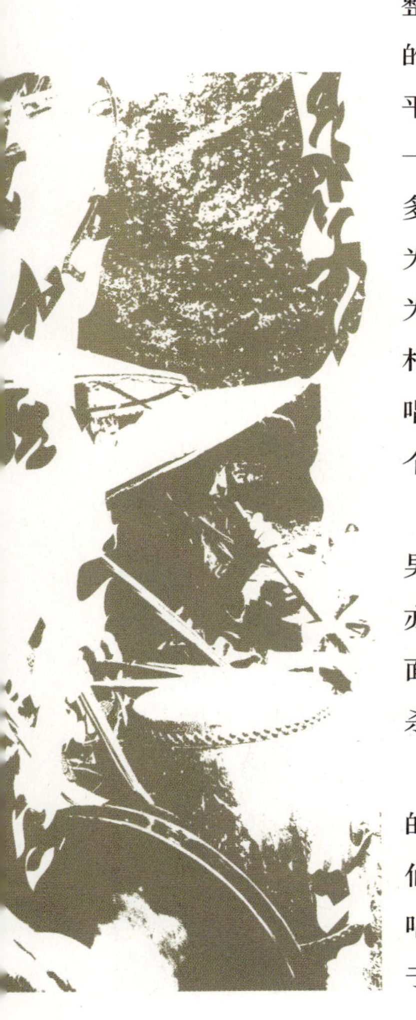

杀戏演唱风格无论男女主角，均由男性扮演。演唱时，男角用大嗓，女角用小嗓，个别唱段为塑造特定形象所需，亦采用大嗓与小嗓相间的唱法。在杀戏中，一些对阵交战场面中的唱段常由有关角色同声齐唱，其气势特别威武雄壮，杀戏演唱风格具有相当浓郁的地方特色。

九甲杀戏有稳定的戏帮，杀戏剧目内容取材于家喻户晓的古代小说、演义，唱本中的人物和故事通俗简练，贴近人们传统的审美需求。九甲杀戏长期封闭于哀牢山腹地之中演唱，与外地隔绝而始终保持其古朴风貌。九甲杀戏又因扎根于当地民间，受当地地方语言、民间音乐的影响，并贯穿于民俗活动中，故有较强的生命力。

## 山地民歌

斗转星移折射出日新月异的曙光，千锤百炼熔铸成民歌旋律的豪放，从高山深谷中跌滑的音符，从壑沟溪流里荡漾的涟漪，从密林树丛处飘出的恋情，从牧场绿草上奔跑的呐喊。总跟随着蓝天白云，离开大地的根须，飘向悠远的天宇，倾诉心中的爱恋，向世人演绎久远回味的传说故事。

源自大山峡谷的灵妙韵致，它悠悠扬扬、清清澈澈、飘飘洒洒，每一个音符都可变换出不同的旋律，从四面八方簇拥而来，浪漫且富有诗意，既婉约绵延，又圆润清脆。它穿越亘古、一路沧桑，不带杂欲，彰显朴实无华，让人如醉如痴。这就是深受民众青睐的山地民歌。

如果说歌是情的引吭，那么，民歌则是一种附着于民间土壤、表露于大山峡谷或乡间田园的奔放。追溯镇沅山地民歌的繁衍与发展，皆与当地的自然和人文息息相关。在哀牢、无量两山的怀抱里，密林蓊郁，芳草葳蕤，萌动着无尽的生机，千姿百态的各色鲜花在漫山遍野倾情绽放，长年如诗如画，四季春意盎然。千年古茶树王吐露着青翠与幽香，更加衬托了山的勇武、林的丰盈、水的清爽，蜂蝶狂舞，百鸟欢唱，美不胜收。无论是穿场而过的徐徐山风，还是百折不挠的叮咚泉水，都在永不停息地演奏着一曲曲动听的旋律，让人如痴如醉。山水如此诚然，人还能不被这种纯情所熏陶吗？难怪生活在这片土地上的彝族、哈尼族、拉祜族民众如此能歌善舞。无论男女老幼，唱起山歌来，人人妙语如珠，个个口若悬河。上山唱、下河唱、田里唱、地里唱，娶亲嫁女唱、逢年过节唱。这几年来，就连城里的广场上也天天在唱。看来，这里势必要酿造出一个与刘三姐的故乡相媲美的民歌天堂呢。

镇沅民歌分为山歌和情歌两大类，一般以四行、七言体式韵文为一条，四句为一首。山歌类有呼牛歌、牧羊歌、叫猪歌、犁田歌、栽秧歌、砍柴歌等，情歌类有节令歌、礼俗歌、情恋歌、三月六、探阿妹、娶嫁歌等。山歌又可分为一般山歌、田秧山歌、放牧山歌三类。一般山歌不分演唱场合，随心所欲，随时可唱。田秧山歌主要在插秧、耕耘等劳动中歌唱，是为了自我鼓舞情绪，提高劳动效率，由劳动者在田间地头演唱的一种山歌。放牧山歌是放牧者为吆喝牲畜或互相问答、逗趣所唱的山歌，曲调活泼，唱词生动，富有情趣，常带有吆喝性的衬词。情歌则是在特定场合，如跳歌场上演唱的曲子。不过，有时山歌和情歌的划分并不是很明显，山歌中也包含有情歌。过去，在镇沅里崴的彝族山寨就有男女之间用山歌的调、情歌的词唱成夫妻的先例。

悠扬飘洒　山地民歌

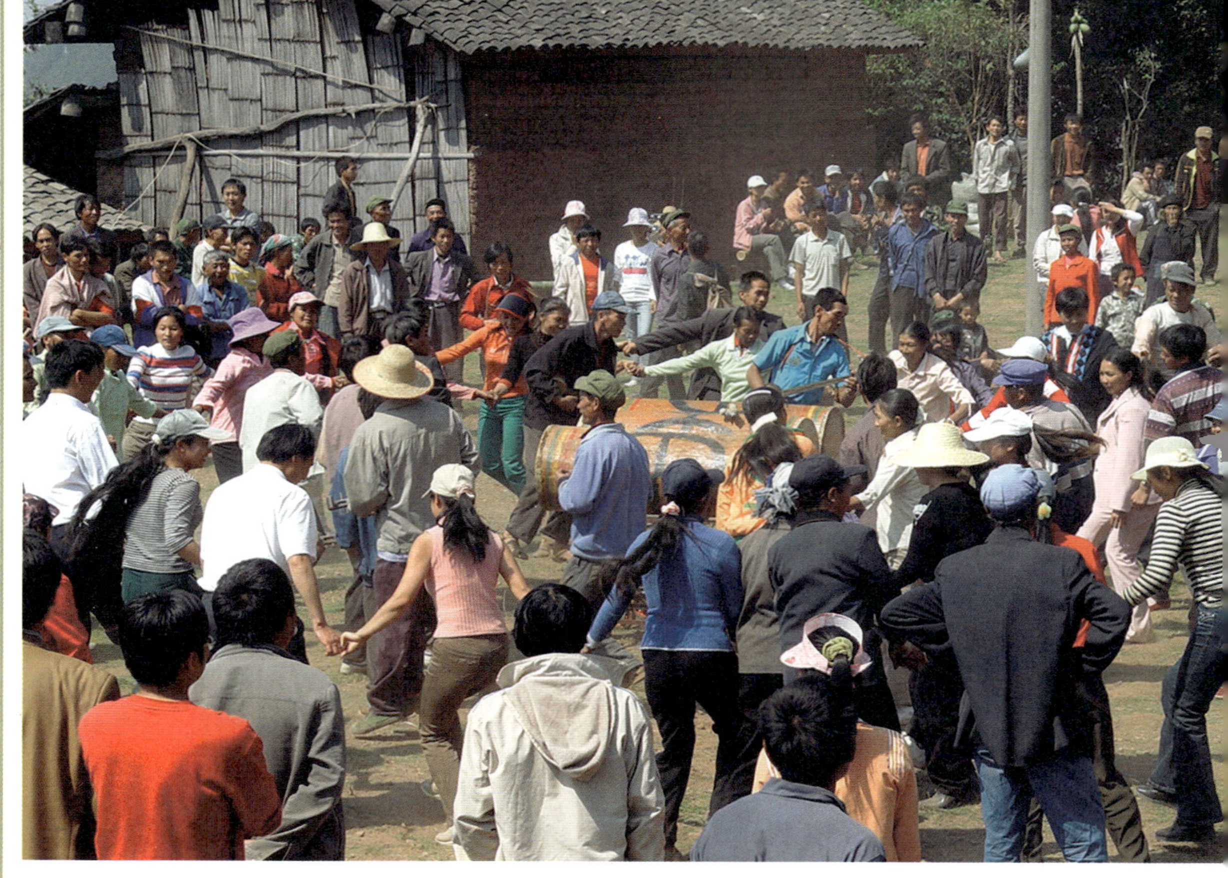

镇沅民歌产生于劳动人民中间，从前，人们寻觅同伴，驱野兽、强盗，或为消除疲劳对歌打趣，或诉幽怨，或泄愤懑，或表男女爱慕之情等等，都用山歌或情歌的形式来表达。如“唱戏一半假，山歌句句真”，其丰富多彩的内容，是人民生活的一面镜子。而其中又以情歌数量最多，也最富特色，正如山歌所唱：“自古山歌唱风流”，“山歌不唱不风流”。诸如爱慕、试探、追求、初恋、热恋、示爱、送别、相思、断情等等，均用大量形式各异的山歌和情歌来表达。如一首山歌唱道：“山上阿郎唱山歌，阿妹山下吃燕窝，只因听到山歌响，不顾碗筷不顾锅。”表现了姑娘听到情哥唱的山歌便无心吃饭的天真活泼形象。又如：“进山看到藤缠树，出山看到树缠藤，树死藤生缠到死，藤死树生死也缠。”歌随人走，这是表现对爱情至死不渝的山歌。

牛歌，可谓是镇沅山歌的一大特色了。据说镇沅牛歌起源于清末民初，在民间自发形成，至今已有一百多年的历史，作为当地民

苦聪跳歌

间歌曲广为传唱。旋律简单、上口、优美、抒情，易于传唱，是典型的民间歌谣。牛歌的歌词大都以逗趣、连联、猜谜为内容，通俗易懂，妙趣横生。另外，歌手用本土方言演唱牛歌，更增添了它独特的韵味。

牛歌分为“五部曲”，第一曲为“开圈歌”，清晨起来，先用豆秸、稻草或青草将牛喂饱后，边打开圈门边唱，歌词大意是：“吃苦耐劳的牛啊，不知你吃饱了没有，要是吃饱了，就请辛劳一天啰……”曲调恳切委婉，类似民间歌谣，唱完便将牛牵出来。接下来便唱“出耕歌”，赶着牛顺着弯曲的山路边走边唱：“阿哥和阿牛同下地，把土地共同犁翻起，阿妹随后播下种，秋来五谷大丰收，吃苦耐劳的阿牛哟，我们有好日子过啦……”曲调坦荡舒展，类似山歌风格。再一曲是“架担歌”，到了地头，边驾牛边唱：“吃苦耐劳的阿牛啊，犁地时你要乖乖朝前一直走，到了田边地角你要

转回头，犁着石头要歇歇脚，免得起痨坏了腰，我不骂你、不打你……”之后是牛歌的主体部分，即犁田耕地时不断反复歌唱的部分，为“驶牛歌”，边使牛边唱：“阿黄牯子拽着些，我一家老小望靠你，不打不骂拽着些，再犁几转就放你，回家好好慰劳你。”犁到田边地角时，耕夫用歌声指挥耕牛转回头：“阿黄牯子小揸角，小角那个弯弯转回来，摇担摇担转回来。”最后一曲是“解担歌”，是收工卸下牛弯担时唱的：“我俩犁了一天的地了，你我都辛苦喽，一起回去养精神……”

镇沅牛歌内容丰富、自由发挥，除了用歌声呼唤牛踩沟、拐弯、回头，还唱二十四节气农事歌，唱天地人间之事，有什么烦恼忧愁也可通过歌曲向牛倾诉。在这里，牛被人格化了，人与牛是可以沟通的，人与牛的关系是劳动伙伴关系。在县境内无量和哀牢的山野上，凡耕田犁地唱牛歌的地方，驶牛从不打鞭子，对牛不厉声吆喝，全凭歌声指挥，耕牛也配合默契。每当春耕和秋播时节，从清晨到黄昏，田野上，牛歌阵阵，此山唱罢，彼山应和，悠扬委婉的歌声不绝于耳，在美丽的乡村构成了一首韵味别致的农耕交响乐。

镇沅民歌是集文学与音乐于一体且带有民间故事的传唱艺术，无论是山歌还是情歌，均产生于劳动人民中间，是当地劳动人民劳作、打跳、情恋时表露心情的一种形式，有广泛的民众基础。

总之，镇沅人喜欢民歌、爱唱民歌，无论在山里、在田间、在农村还是在城市，欢快的歌声总是此起彼伏、动听悦耳，唱得山泉

闲情二胡

水停止了流淌，唱得画眉鸟停止了飞翔……

他们用尽情地唱、用欢快地跳来表达心中对美好生活的热爱，来歌颂美好的幸福生活。

## 蜂筒鼓舞

但凡民族，都在生活中传承着自己特有的文化，而这种文化无不是产生于民间、根植于民间的。没有民间这块“土壤”，那么民族文化就如炒菜缺了盐、玫瑰少了花。蜂筒鼓舞和反弹三弦正是植根于深山民间之沃土，才会如此完美无缺地存活下来，且经久不衰。

每一个民族的繁衍与发展，都曾经历迂回曲折的发展过程。苦聪人蜂筒鼓舞以及反弹三弦就是在这个历史进程中孕育出来的产物。多少年来，它作为哀牢山中部苦聪人的一种民间舞蹈，一直被苦聪人钟爱、推崇和传承。

苦聪人蜂筒鼓的制作方法简单，一般用紫椿等质坚性韧的木料凿去树心，两端蒙上经过反复搓揉晾干的母牛皮，用木钉固定即成，因形似山里养蜂的蜂筒而得名。根据苦聪长者的传说和一些学者的考证，苦聪人蜂筒鼓发明于明末清初。当时，势单力薄的苦聪人饱受他人的欺凌和歧视，那些山霸、匪首们为达到长期奴役苦聪人的目的，强行卡断了苦聪人之间及其与外界的联系。苦聪人无论遇到任何困难和险情都只能悄无声息地暗自承受。哪里有压迫哪里就有反抗，失去了言行自由的苦聪人为了抵御山匪入侵、反抗种族歧视，经过冥思苦想，终于找到了一种既可以传递信息，又不让外人知道的联络方式，这就是用蜂筒鼓敲出不同的响声，向本部落子民传达不同的旨意。如三快两慢表示通知户主到某地集会，连续九响反复快击表示有外敌入侵等。在那个弱肉强食的年代，蜂筒鼓作为信息传递的工具，为苦聪人抵御外敌的

❶❷ 苦聪人的蜂筒鼓舞

❸ 身着树皮衣的苦聪人

侵扰和保护本族群的生存发挥了重要的作用。

新中国成立后，苦聪人结束了被压迫被奴役的历史，蜂筒鼓也完成了传递信息的使命，而被作为苦聪人逢年过节和喜庆场合的一种打击乐，伴以欢快的歌舞，并被称为蜂筒鼓舞。表演时以鼓作乐，三人同敲一只鼓，重大场面往往是多鼓同敲，众人（可以是几百人，甚至是几千人）和着鼓点起舞，互动性较强。一般在畲葩节、贺畲架、阔门、阔叠等节日和婚庆时才组织跳蜂筒鼓舞，往往与反弹三弦同步协调进行。

反弹三弦和蜂筒鼓舞是源自苦聪民间的一对孪生姐妹，也有传递信息的作用。其要领是在弹跳中把三弦举过头顶，将弦筒托在肩上，左手把弦、右手弹拨的弹奏形式，演奏技艺要求较高。所以，一个寨子中能反弹三弦的人并不多。传说苦聪人用伴奏打跳的三弦演奏姿势向众人发出躲避或是抗击的信号，如要躲避时反弹“直歌”，要抗击时反弹“三跺脚”。

目前，在哀牢山，这种源于民间的原生态艺术作为一种极为普遍的表现形式，已根植于人们脑海深处。苦聪人是能歌善舞的，每逢传统节日，男婆女嫁、建盖新房等集会时，都要唱歌跳舞。只要唱歌跳舞，就离不开用苦聪先辈发明的蜂筒鼓和三弦反弹做伴奏。然而，只有读懂苦聪人的漫漫繁衍之路，才能感悟到这一声声古乐调子给予人们的启迪和想象。也只有这样，具有悠久历史渊源的传统文化才会得到继承和弘扬。

2004 年，县文化部门把苦聪人蜂筒鼓舞首次搬上舞台，在思茅撤地设市庆典开幕式上，以 100 名鼓手的阵容参与大型鼓舞展演，气势宏大，表演独特，受到民众的一致好评。2005 年，镇沅苦聪人蜂筒鼓舞被市人民政府列入传统文化保护名录。

# 珍馐韵馔

镇沅的传统风味食品，如生白旺、腌血肉、腌豆瓣酱等已有上百年的历史，这些传统的食品有着悠久的历史，其内涵深远。了解镇沅的饮食文化，才能更好地品味镇沅的菜肴，体会镇沅古老的传统餐饮文化。

## 生白旺

生态美食，是生活中的餐饮之美，一切都取自原生态中令人心生敬畏的食材，仿佛是原始森林中飘来的奇葩，不仅可远观，而且深具诱惑。镇沅境内寨民们的一道原生态的佳肴生白旺，色、香、味俱佳，让人垂涎欲滴、浮想联翩。

杀年猪，是镇沅农村各民族的传统年俗。进了腊月，村民们把喂养了一年的肥猪，在年前宰杀。杀年猪时在勐大、振太一带的村寨，有一道必须做的重要菜肴，那就是生白旺，用生血做成，其实就是吃生血。白旺的制作过程相当讲究，在杀猪前，主人必须将盆洗净并用干净的毛巾拭干，然后按猪的大小分析猪流出的血量多少，先在盆中放入烧红捣细的食盐。年猪被拖至案板后，主人认真用温水把猪脖子清洗干净，再用毛巾拭干，以免污物进入血盆中，屠宰手才能动刀宰杀。宰杀时用备好的装有食盐的盆接住血浆，然后把血浆端至堂屋阴凉处放置好，取出里脊肉和肝切成片，素炒后放凉。再放入血盆内，加入适当的盐、香花椒、辣椒、生姜水、花生、芫荽等作料进行搅拌，再用煮沸过的凉水调和。白旺的生成取决于盐的含量，盐淡了不行，咸了血浆不会凝固，需调慢点，直至血和其他作料调匀成凝固状，筷子插入不会倒，才算制作成功。如此这般就做成农家杀年猪第一道鲜嫩可口的美味佳肴了。如果制作不成功，帮忙的人和亲朋好友都会偷偷离去或现不悦之色，主人家杀年猪的庆贺喜悦之情也会荡然无存。所以，在制作生白旺时，一般都要请一些老道和技术熟练的人制作。

生白旺，在镇沅的大部分乡镇，特别是西部勐统河、振太河一带，不但是一道招待客人的美味佳肴。同时能否做好生白旺也是主人家来年是否家旺、猪是否养得顺畅的预兆。恩乐河沿岸的哈尼族逢年过节杀猪、宰羊时也要搅白旺或煮血巴肉。白旺和血巴肉是哈尼族最具特色的两道菜肴。如没有白旺和血巴肉就等于没有杀猪过年，哈尼人又把白旺称为“头刀菜”。

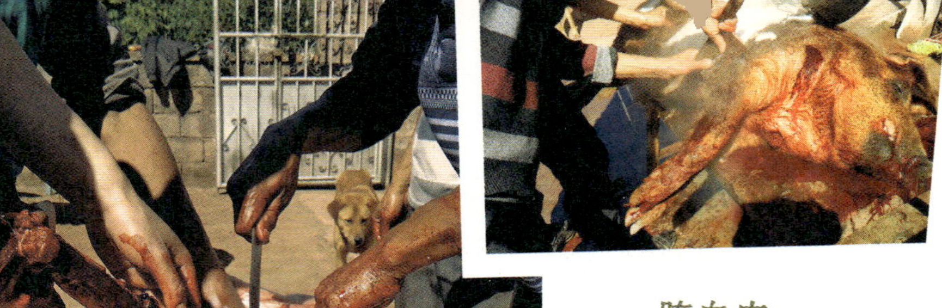

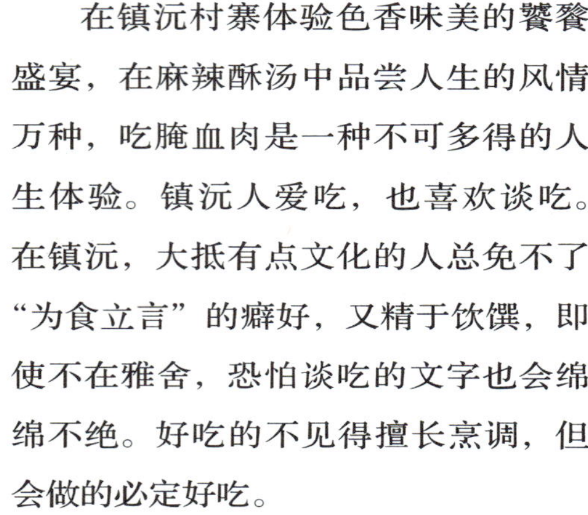

## 腌血肉

在镇沅村寨体验色香味美的饕餮盛宴，在麻辣酥汤中品尝人生的风情万种，吃腌血肉是一种不可多得的人生体验。镇沅人爱吃，也喜欢谈吃。在镇沅，大抵有点文化的人总免不了“为食立言”的癖好，又精于饮馔，即使不在雅舍，恐怕谈吃的文字也会绵绵不绝。好吃的不见得擅长烹调，但会做的必定好吃。

腌血肉（镇沅人称“腌血鲊”）之美味，主要得益于制作的考究。镇沅是一个普遍吃“腌血鲊”的地方，那是一种古老的特产菜肴。镇沅的民间，每到春节除夕之前村民们就要杀年猪。主人把杀好的猪头皮、猪脸肉、猪舌头、猪脚、猪肚、猪皮取下来，用大锅整块地煮熟之后，把肉取出来放凉，再切成片或切成条。然后把切好的肉片和事先准备好的生猪血及盐巴、花椒、辣子粉放入大盆搅拌均匀，再装进坛子里面密封腌制十几天后即可食用。腌血肉从坛罐里捞出来时，色要鲜红，辣椒要辣，花椒要麻，嗅着要香喷喷的，那才是上等的“腌血鲊”。品尝腌血肉固然是一种品美，而从食材到腌制的过程，也有着另一种美。

腌血肉

镇沅一江四河的水乳交融中生活着众多民族，各民族菜肴品种繁多，吃法也多样，单从血的吃法就可以生吃、腌吃、炒吃、炖吃等。无论是身处其中制作血肉，还是置身事外观赏其制作过程，都是美的享受。

镇沅境内的“腌血肉”有咸辣麻的和酸辣麻的，蒸、煮、炖食均可。香味浓郁，滋味鲜美，久吃不腻。

镇沅特色腌血肉，用猪的血做食材，通过民间精湛手艺精心制作，是民间美食中的一道地道特色菜，是可供考究的民族特色饮食文化。

## 九甲火腿

镇沅九甲火腿，自古以来扬名千里。

惊叹镇沅野生古茶树王的魅力，领略千家寨神奇的原始风景，感受九甲寨民们的热情好客，品味香气浓郁的九甲火腿，总有一种难以名状的触动。九甲火腿是个有诗意的名字，在千家寨的嘟噜河岸上，被溪水流淌的温婉与浪漫所打动，九甲火腿的古朴香醇，有一种淡然的情愫和美感。

美食，拨动人的味蕾，九甲火腿的陈香早已弥漫整个九

甲的天空，泛滥到使人陶醉。

镇沅九甲地处哀牢山深处，者干河东岸，常年绿水青山、气候凉爽。山寨农户有腌制火腿的传统，每年腊月每家都要宰杀年猪，年猪剖腹后把猪后腿切割下来。特别注意包着瘦肉的薄膜不能破损，将腿面上的残毛、污血刮去，勾去蹄壳，削平耻骨。把表面和边缘修割整齐，挤出血管中的瘀血，腿边修成弧形，使腿面平整。然后将后脚折拢扣在皮子上，呈椭圆形，这样火腿就基本成型了。

在腌制的过程中，九甲农户用特制的小锅酒喷洒整只火腿，接着外部用食盐、花椒、辣椒、芫荽、草果、茴香、八角等作料磨成粉末，敷在整只火腿的外表层，再请三个身强力壮的男人像农妇揉豆腐浆一样，把火腿肉里面的血水排除，再把它放到一个盛有盐水的坛罐或铁锅里边浸泡。浸泡半个月后，取出火腿，放到平整的桌面上，肉皮朝下，在火腿上面放上一块平整的木板，再在木板上压上重物。压几天以后取下，为预防苍蝇下蛋生蛆，用吸水纸包裹挂起。当火腿的表面挂上白色结晶的盐霜，肌肉坚硬，则火腿腌制成功。

九甲陈年火腿皮色幽黑、肉面紫红、腿形饱满、形似竹叶、肌肉细密、咸淡适口、香气浓郁。

九甲火腿

## 腊　肠

镇沅腊肠，是肉类腌制品中不可缺少的一道美味，如九甲火脚、宜良火脚般醇香，但又有别于火脚的滋味，可做咸、甜、麻、辣多种味道，能满足各种口味，且易于加工和储存，其浓郁悠长的腊香味回味久远。

按农历风俗，每到腊月，在镇沅各地不论城乡，装腊肠是其中最重要、最有特色的乡村生活了。腊肠，顾名思义，就是专门在腊月间做和吃的食品。腊肠飘溢着浓郁的乡土气息，既代表对过去一年丰收的喜庆，又代表对新春的向往祝福。历经数百年的传承，腊肠已被赋予了镇沅所特有的传统文化符号和浓浓的生活韵味。

腊肠的制作程序相当复杂，原料要用上好的鲜猪肉，将瘦、肥肉分别切成小丁或薄片，与盐、花椒、辣椒、姜粉、白酒等调料在大盆里搅拌均匀。灌制腊肠，古代农村常用竹筒灌肠，选比大拇指粗的竹子，锯成10厘米左右的长度，一头加工成直切口，一头加工成斜切口。灌装时首先将清洗好的猪大肠套到竹筒上，左手握套上肠子的竹筒，右肉抓肉，将拌好的猪肉从斜切口塞进竹筒。两只手的力量要把握平衡，猪肉才能很容易地穿过竹筒进入肠子里，农村的巧手妇女们边加工边谈笑风生，手不停，嘴不闲，把诸多的乐趣赋予辛勤的生活劳作中。不多一会儿，整盆的猪肉就变成一根根色彩鲜亮、令人垂涎欲滴的肉肠。现代城乡均采用铁制专用灌肠器代替竹筒制作腊肠，将肠衣剪出一米左右一截，一头用线条扎实，一头套在灌肠器的漏头上，把准备好的肉片压装进灌筒里，均匀按压，肉片灌入肠衣内，要装得紧密匀实，不能过松或过紧。如果过松会留有空气，容易腐败；如果过于紧实饱满则肠衣容易胀裂。灌好鲜肠后要仔细检查肠子内是否还留有空气。如有空气，要用细针刺几下，排出肠内空

气，使水分容易蒸发，然后用竹竿挂起来自然风干。镇沅城乡制作的腊肠品种很多，有精瘦肉腊肠、肥瘦肉腊肠、肝肉腊肠、豆腐肉腊肠、纯豆腐腊肠等等，还有用牛肉装制的腊肠，又别有一番滋味。

现在的腊肠制作配方更精良，有很多本土的有识之士，看准这个行业，把腊肠加工做成产业，打造镇沅腊肠品牌，形成了具有镇沅特色的地方农特产品。让镇沅腊肠飞出农家、飞出镇沅，让外界更多的人品尝到了镇沅腊肠的风味。

在镇沅，灌腊肠这一习俗究竟从何时而起，又是怎样形成的，无人知晓。在宋朝食物录的资料中有一些记载，有腊月家家灌香肠烤食之说。由此看出，灌制香肠在宋朝便已形成一定规模，并成为一种时尚。

腊肠，属“腊味”食品，一般多在农历腊月前后灌制，又名香肠。腊月灌香肠，是镇沅传承至今且盛行一时的习俗，腊肠也是农家一年的生活必备品。镇沅人在腊月，腊肠是必灌的，每到腊月，家家户户都忙着灌腊肠。在乡村的每一个山寨、城镇的每一条街巷，都能闻到空气中飘来的腊肠香味、看到在厨房里或阳光下挂晒的串串腊肠，正是一方水土养一方人，一方人吃一方物。

镇沅腊肠一般要晾晒十来天，经过阳光蒸发水分，待各种调料充分入肉，才是口感最佳的食期。

腊肠有多种食法，可炒可炸，可蒸可煮。最佳的食法是清蒸，放在蒸笼上蒸 20 分钟，厨房里的腾腾热气和着香味，像弥漫的云雾，从门里、窗里，一股股、一团团接连溢散，把腊肠的香送到你的鼻尖、舌根。待蒸好的腊肠稍凉后，取出切成薄片，就着热度吃上一口，油水在舌尖溢出，腊肉在舌根打转，那份浓烈醇香回味无穷，余味“绕舌三日不去”。重口味的朋友，喜欢把腊肠直接用香油炸得酥脆，当成下酒菜，或把腊肠作为配料配炒各种蔬菜，甚至把腊肠整截放到锅里与米饭一起煮，省工省时，饭菜同食。

腊肠因适合各类人的各种吃法，深受大众喜爱。镇沅腊肠是一道人间美味，吃过腊肠，年关美滋滋，来年溢香。

红　塘

## 红　糖

红糖，是祖先留给镇沅恩乐河、勐统河、者干河一带各民族百姓的甜宝。

红糖是镇沅的美食，是镇沅传统的地方食品，其色嫩黄而略带青色，质地松软，散似细沙，细腻无渣，甘甜味鲜，清香可口。镇沅境内的红糖是粗制品，未经过精炼，保留了较多甘蔗的营养成分，也更加容易被人体消化吸收。因此能快速补充体力、增加活力，所以又被称为“东方的巧克力”。其中不仅含有可提供热能的碳水化合物，还含有人体生长发育不可缺少的苹果酸、核黄素和微量元素锰、锌、铬等各种元素。

恩乐河、勐统河、者干河一带各民族种植甘蔗、制红糖历史悠久。红糖的原料来自种植在恩乐河、勐统河、者干河沿岸坝子的甘蔗，甘蔗含有95%左右的蔗糖。古代制糖法是将甘蔗经过切碎碾压，压出来的汁液先去除泥土、纤维等杂质，用小火熬煮几小时。然后不断搅拌，让水分慢慢蒸发掉，使糖的浓度逐渐增高，高浓度的糖浆在冷却后凝固成块状的粗糖，也就是红糖砖。这样的传统做法保持了甘蔗原本的营养，同时也使红糖带有一股类似焦糖的特殊风味。制作过程中熬煮的时间越久红糖的颜色也越深，使红糖呈现出不同深浅的红褐色。

传统的制糖方法随着时代的演变而变化，恩乐河沿岸的农民在近代的制糖方法是利用当地优质资源，用水牛拉糖车榨汁，勐统河、者干河一带沿岸百姓用水车榨汁，然后把甘蔗汁放到从小到大一字排开的一口口铁锅里，用柴烧铁锅熬制，随着糖汁的浓度逐渐增高，再用大汤勺把锅里的糖汁一勺一勺地舀到后面的一口锅。到最后一口锅的时候高浓度的糖浆已熬成，再把糖浆分别放进板子上面不同形状的糖器里。

经过个把小时，晾干后取出来，各种形状的红糖就制成了。

那时，镇沅恩乐河、勐统河、者干河沿岸制糖车声吱吱嘎嘎，红糖香味远飘几里之外。当然，20 世纪 80 年代后恩乐河、勐统河、者干河沿岸牛拉土榨、水车榨汁早已淘汰，20 世纪末期机械压榨代替了牛拉土榨和水车榨汁。

## 三角粑粑

正月十五，走进镇沅的村寨，看一看“跳芦笙、三弦舞”，逛一逛扣人心弦的“打陀螺”盛会，进农家品尝“三角粑粑”，感受古朴的民风民俗和美食。

三角粑粑

在镇沅，每逢正月十五，村里家家都要做“三角粑粑”。所谓“三角粑粑”，就是把30％的糯米和70％的饭米混合（也有用糯玉米和饭玉米做的），用清水浸泡十多个小时。然后磨成浆装入布袋，重压除去水分，取出小部分煮熟，将熟浆和生浆充分揉搓成面团。准备好馅，馅分甜的和咸的两种，甜的有豆沙、芝麻、大枣、白果、花生、豆干、核桃仁、杏仁、山楂等，咸的有茴香、豆腐皮、木耳、香菌、笋丝、松茸、鸡纵、肉丁、火腿丁、白菜等。做“三角粑粑”的时候，把面调和揉捏成面皮包上馅，然后捏成三角、四角和各种形状，大小随个人喜好，用竹筛蒸熟即可食。“三角粑粑”既可欣赏，又是百姓喜欢的食品，但并非家家都会做。到正月十一，村寨里巧手持家的婆娘、媳妇们就忙开了，东家唤，西家叫，婆娘、媳妇们一家一家地去捏“三角粑粑”。一团团雪白的面，经过巧手的创作，包上馅，便变成了各具神态的小动物，一个个、一只只活灵活现地蹲在粑粑叶上，个个生动逼真。蒸熟的“三角粑粑”，再经过巧手用色素点染，就算大功告成。到正月十五，娃娃们把“三角粑粑”往口袋里一装，看跳芦笙、三弦、撵山、放牧、打陀螺，饿了就拿来充饥，或者邻里乡亲互相赠送，作为节日贺礼，一次捏、蒸，足够半月享用。

## 酸腌菜

在吃食与文化中，寻找咸菜和酱菜的起源，不一定非得追寻那么远，非要追寻一种苍苍茫茫的古文化不可。古文化荒渺难稽，咸菜和酱菜的来源我们不清楚，但“酸腌菜”（咸菜）是镇沅民间的一种腌制品。作为饮食文化的传承，镇沅民间千百年来有食用酸腌菜的饮食习惯，尤其在镇沅勐统河、振太河畔，无论是家庭用餐，还是宴请宾客，桌子上都少不了几碟酸腌菜。酸腌菜色泽金黄，有块大体长的，也有切细切碎的，吃到口中嫩脆滋润、味道鲜美、酸甜适中。镇沅民间酸腌菜有解油腻、增进食欲的作用。酸腌菜可直接佐餐，还能做作料配制多种美食佳品。镇沅独具风味的酸辣鱼汤、酸汤鸡、酸菜肉、酸甜菜汤等，就是用酸腌菜配制的。在田间地头劳作，一盆冷饭配上几样可口的腌菜，就是农民兄弟的午餐。置身大自然的怀抱，享用美味的晌午饭，真是妙不可言。

镇沅的酸腌菜，过去只是家庭制作，现在在民间已有酱菜厂，形成了规模生产，产品不仅在境内销售，还销往省外的大中城市，也成了镇沅

人馈赠亲友的佳品。

在镇沅传统的酸腌菜因制作方法不同而分为两种，一种的制作时间必须在冬季，腌制后可以存放一年或更长时间，叫腊腌菜。另一种是不分时间一年四季随做随吃的酸腌菜，叫发水腌菜。腌制镇沅腌菜的主要原料用勐统河、振太河畔盛产的优质青菜，配以食盐、辣子面、花椒面、少量红糖等作料。海拔在1400米以上，气候温和、湿度较小、土地肥沃的地区适宜青菜生长。此处生产出来的青菜，具有棵大、秆宽、脆嫩的优点。发水腌菜，把青菜的水分晾干即可腌制，而腌老腊酸腌菜仅需晒出部分水分方可腌制。镇沅老腌菜可保存1~3年以上，仍是原汁原味。为发展多样化酸腌菜系列产品，现在镇沅振太酱菜厂开发出了酸腌菜系列产品。由单一的民间腌菜加工扩大到规模生产，腌酸笋、腌韭菜根、腌韭菜花、腌韭菜、腌洋姜、腌萝卜条、腌泡姜、泡辣子、糟辣子等品种齐全，应有尽有。

## 豆瓣酱

“羹清舌至涩，善恶充蛆筋。人本多明志，何须曹娥吟。”一方水土养一方人，大自然的博大孕育的物产资源丰富，每个地方的物产各不相同，也决定着他们的饮食千变万化。“靠山吃山，靠水吃水。”人们的饮食习惯取决于当地的自然环境。

镇沅人喜欢吃腌豆瓣酱，豆瓣酱可口、味美、陈香，有了豆瓣酱在餐桌上没有下饭菜也能吃得余香满口，醇香无比，滋味无穷。镇沅民间腌豆瓣酱制作大致要经过挑豆、炒豆、捂豆、下豆、晒豆几个环节。每一个环节都要精心操作，哪怕一个环节出了问题，都会影响豆瓣酱的质量。做豆瓣酱用的主料是本地土黄豆，首先要细细挑选上好的黄豆，用筛子

酱菜生产

筛干净，把一些残缺不全或腐坏的黄豆拣掉，一定要保证没有霉烂的豆子、没有被虫子咬过的豆子。筛好后再用簸箕把黄豆簸干净，把挑好的黄豆放到锅里翻炒成橙黄色后去掉皮。为了保证炒豆的质量，有的会兑入沙子炒，目的是避免豆子炒黑。火候要把握好，铁锅里响起爆豆声，直到透出一股诱人的香味，黄豆变成深黄色时，豆子算是炒好了。然后把炒好的豆子放入装满清水的大盆里，泡上两个小时左右。炒熟的黄豆经过水的浸泡迅速膨胀饱满，把浸泡好的豆子捞出来晾干，装进蒸笼里蒸熟后放进用青竹叶垫好的竹箩里开始捂豆子。捂豆子要尽可能地封闭严密些，这样可以让黄豆慢慢发热、霉变。因为是三伏天，气温高，经过七八天，黄豆就会长出绿莹莹或者黄澄澄的绒毛，相互之间能拉成短短的丝。那其实是一种细菌，据说绿莹莹的绒毛最好。等竹箩里的豆子绒毛全部长齐，豆子就算是捂好了，绒毛越多豆瓣酱越香甜可口。然后放在簸箕上曝晒，在高温作用下豆瓣开始产生化学反应，慢慢变成美味。

下坛腌豆瓣酱，这是关键程序。将事先准备的适量食盐、花椒、辣子、姜丝、甜白酒和红糖等作料放进盆里和豆瓣拌匀，装进土坛子里腌制。腌至几月后开坛，腌的时间越长味越香、越好。

豆瓣酱

## 甜白酒

在镇沅，寻常百姓自古就爱用糯米和酒曲酿制一种发酵米酒，学名醪糟，当地人管它叫“甜白酒”。因制作工艺简单，只需将糯米蒸熟放上酒曲发酵即可，所以农家主妇几乎都会做。不过，由于对米熟几分、酒曲量的多少、发酵的时间等环节都有个度的把握，故而要做成不老不嫩、醇香甘甜的醪糟，并不那么容易。

不管是春夏还是秋冬，走进镇沅百姓家里，一碗香甜的甜白酒肯定会递到你手里，那是主人迎接宾客的礼仪。喝下一碗香甜的甜白酒，疲倦和干渴悄然消失。甜白酒是镇沅民

甜白酒

间百姓长期传承的一种常用食品之一。除了女人坐月子时煮红糖白酒鸡蛋养奶，煮糯米粑粑、煮汤圆、麻花的香甜和口感特别美。甜白酒还常作为烹饪中的配料和腌制品中的配料。镇沅的气候、温度最适宜做甜白酒。镇沅甜白酒大多是用大米、糯米，山区百姓多用玉米、小米或荞米，煮熟蒸透后，拌上酒曲发酵，使这些谷物中的淀粉糖化、酒化而成为一种美味的甜品。

做甜白酒时选择上好的糯米或其他谷物，泡胀后上蒸笼蒸熟、凉冷，倒入簸箕与酒曲拌匀，把拌好的糯米饭或其他谷物放进盆中压实，用纱布盖严实，捂上两三天，甜白酒就做好了。甜白酒发酵时间长了会越来越烈，在寒冷的冬天，吃上一碗煮好的甜白酒，全身立刻会变得暖洋洋的。酷暑中从酒坛子里捞一碗甜白酒，再冲一碗清泉喝下肚，解渴又去乏。

在镇沅民间百姓喜爱的各类小吃中一碗小小的甜白酒，也赋予人生的别样滋味，甜，而且醉人。

甜白酒，古汉语称为“醴”，酒水与酒渣混在一起的浊酒叫“醪”。清朝，檀萃《滇海虞衡志》说云南人家“各酿白酒，开年客至，供白酒煮鸡蛋满碗”。镇沅民间把这一习俗一直保留到现在，特别是遇到重大节日或喜事，各家都要“捂”一盆甜白酒恭迎宾客。

# 岁月无法风干的记忆

造纸术是我国的“四大发明”之一，曾在人类社会的历史发展长河中产生过巨大的影响。随着时代的发展和现代科技的进步，这种古老的造纸工艺已濒临灭绝。然而，如果走进苍茫无际的哀牢山麓，会惊奇地发现，一项传承了蔡伦造纸术的原始造纸技艺，仍可在“世界茶树王之乡”，镇沅者东的麻洋村觅到踪迹。岁月无法风干记忆，工艺长年延续不断。

传说几千年前的一天，大雨滂沱，河水暴涨，一些含有木质纤维的竹木和麻类被山洪卷入河中，在自然形成的山地土碱和水的作用下变成稀薄的浆汁，漂到岸边废弃的枯枝散叶上聚集成块，便出现了奇迹。这些破竹木和树枝上聚集的东西被太阳晒干后揭下来，竟然可在上面随心所欲地画画写字。这种自然现象启发了古人的智慧，他们经过反复地钻研、琢磨，运用自然原理生产出人工纸。从此，人类进入了另一个文明时代。

哀牢山中部的崇山峻岭，长年浓雾笼罩、空气潮湿，人烟稀少。可就在这块荒凉的地域上，却散落着几处原始的造纸作坊，把古老的文明隐藏于大山深处，与大山同存，与山民同在。这儿的造纸工匠们一直使用原始、简单的工具，不断重复着既粗糙又完整的工艺流程。这套工艺流程后来被专

制纸流程——碎料

家称作研究手工纸工艺演化进程的活化石。也正是这套工艺流程，传承着人类的文明，制造出了从古到今都深受山民青睐且无可替代的纯天然竹浆纸，即“草纸”，也叫“黄纸”，主要用于丧葬、祭祀等活动中。

比较而言，麻洋纸厂是这一带较大、较原始且一直在从事着生产的造纸作坊，所有设备均用原始森林中的坚韧古树加工而成。走近麻洋纸厂，你便会有一种穿梭在漫长时光隧道里的感觉，一些被记忆剪碎的旧事，在一种古旧气息缠绕的氛围里，让情绪陷入一种难以言说的状态而不能自拔。

或许是浓雾常年笼罩的结果，麻洋纸厂的一切陈设都泛着青色，青色的石墙、青色的院落、青色的器械、青色的木缸……全是一种既古老又舒坦的格调，幽幽远远的让人仿佛回到了千百年前，看到祖先穿梭于作坊间忙忙碌碌的身影。就是在这样的场所里，中国人创造了前无古人的奇迹，并把这种生产方式传遍全世界。劳动人民的聪明才智，当然很值得尊敬，更为可贵的是在数百年的生产实践中，虽然麻洋纸厂的经营管理方式随着社会的进化而有所改变，产品质量也有所提升，但其生产工艺从未改变，至今仍保持着原始的制作规程。或许，这就是中国传统文化强大生命力的体现。

麻洋纸原料主要是生长于当地的野生桦竹和少量沾脂树皮。把原料变成纸，要经过采料、碎料、浸泡、发酵、粉浆、出浆、抄纸、强压、烘烤等 72 道工序。每年冬、春两季是备料期，小厂所有成员都要上山采伐桦竹，采伐回来的嫩桦竹用脚碓打碎后，放到清洗池中用流动的水浸泡清洗，然后将清洗后的碎竹片打上石灰浆，送入土窖，用木柴火高温蒸煮至一定程度，使竹片易碎至丝。接下来是两次清洗，用大碱和米浆两次发酵。通过发酵，原本脆硬的竹丝变得柔软有韧性，易于打浆。每一次浸泡发酵都需要一定的时间，少则十五天多则一个月。所以整个备料期就得半年左右。从 5 月开始，寂寥的大山就会响起机器的轰鸣声，小工厂开工了，一堆堆浸泡发酵后的竹丝被放入人工粉浆机。瞬间，竹丝变成纸浆流进浆池待用。一旦要抄纸就将纸浆放进抄纸缸，兑入一定数量的净水拌搅，搅散纸浆至均匀漂浮水中。用特制的帘子在其间抄起细纸浆，纸的厚薄靠抄

❶ 制纸流程——发酵

❷ 制纸流程——粉浆

制纸流程——抄纸

制纸流程——竹纸

浆次数控制。一般是正反各一次，每抄一个回合就是一张纸。每次抄起的纸整齐地叠放在一起，再用原始的方法脱水，拌着吱吱呀呀的木头与木头相互摩擦挤压的声音，原本厚厚的一叠纸脱水后压紧变薄。这个时候就可以把纸取出送进烤房，十张一叠地将纸撕下，仔细查看是否破损。确保完好无损后，贴到烘烤炉平面上进行烘烤。待纸烤干，一打打略显粗糙的竹纸，也是当地有名的麻洋纸就这样出炉了。

在整个造纸过程中，值得一提的是抄纸工序。抄纸是技术活，需要一定的技巧和经验。如果手脚不利索、分寸掌握不好，抄起的纸厚薄就不一样。

此外，脱水也是一道很有情趣的工序，它讲究的是力量。开始时用一根木杠插进一个凿有插孔的圆柱往下压，让圆柱滚动起来脱水。待大部分水脱出后，又换一根更大的木杠。这时，单凭双手力不够，必须整个人爬上木头，双手拉住保险绳，双脚使劲往下踩，一下接一下，虽然不快，但很有节奏。

造纸的历史是条河，它经过上千的岁月，到清朝中期，我国手工造纸工艺已相当发达，纸质优良，品种繁多，如此众多的纸虽然用途不同，但它们的工艺流程都大同小异。如今，当先进的造纸机以每分钟一千多米长、八米多宽的速度在生产线上生产出高质量的纸时，镇沅麻洋纸厂的工匠依然年复一年地重复着这些延续了多少辈人的古老造纸工序，在不离不弃、不折不扣地传播着古代文明。

古老造纸术的传承是人类文明的延续，存活在哀牢大山深处的麻洋纸生产工艺是“四大发明”再现于当代的活化石。如何使这种文化与文明依然保持古朴的形态并传承下去，这是一个值得研究和深思的问题。因为，当历史的细节被淡忘，文明的碎片散落，一直没有人将它们重新拾起，一个独特的文明体系也许就会随之消失。

让人欣慰的是，2005 年镇沅麻洋纸制作工艺被思茅市（2007 年更名为普洱市）人民政府列入传统文化保护名录予以传承和保护。

# 泥土的光和影

自古以来，土地就有一种极为别致的韵味，人们把它称之为“泥土的芳香”。而仅褒予“芳香”还不够贴切，因为泥土在特定的条件下还能放射无尽的光和影。比如陶源于泥土，可自从窑门开启，尘烟散尽，铁褐的光彩便会照亮整个窑场，并成为历史浩瀚中的一枚印记、一个传奇，甚至一部诗篇。

“黑陶”也称“黑古陶”，它是悠悠岁月中经过水浸、手泽、火烤、烟熏，甚至空气中射线的穿越，最终为把玩者的嗜好逐渐形成的皮壳器皿。尽管它们永远不会成为生活中的主角，但也决然不是仅“用来种些花花草草”那么平庸。其实，它对于人们的最大的意义是可以帮助生活锦上添花，可以让主客都赏心悦目。为此，陶器就成了上流人家生活中不可或缺的重要组成部分。

据史料记载，早在八百多年前，镇沅振太的塘房、小寨一带就有人用蚂蚁巢土通过手工和泥，捏制成茶罐、烟斗等器具使用。雍正三年（1725 年），出现了烧制坛子、瓦罐的手工作坊，乾隆二十八年（1763 年）开始烧制黑陶，至乾隆三十五年（1770 年），所生产的黑陶产品被大理、昆明一带的商人收购后销到外地。只不过当时所烧制的黑陶质地较差，光泽也不如现在的这么明亮。至道光六年（1826 年），产品通过多种渠道销往印度、缅甸、新加坡、美国、英国等地。1979 年，镇沅供销社在按板镇建黑古陶厂，1981 年更名为镇沅黑古陶工艺美术厂，原黑古陶厂职工徐世菊在按板镇岔河村以个体性质建起了个体黑古陶厂。1998 年，因镇沅县城搬迁，厂址随之迁往恩乐。经过几年的发展，镇沅黑古陶生产规模从小到大，生产工艺不断改进，产品质量逐年提升，镇沅黑陶再度走出国门，深受国内外玩者的青睐。

坛罐窑

黑陶曾被誉为“土与火的艺术，力与美的结晶”。镇沅黑陶生产工艺精湛、技术考究，以本地特有的蚂蚁巢土为材质，通过选土备料、泡浆过滤、沉淀晾晒、发酵和泥、拉胚塑型、晾晒修整、绘图雕刻、抛光晾干、入窑烧制等九大工艺程序精工制造而成。其工艺流程为：蚂蚁巢土在制坯之前要经过 2~3 天的浸泡，然后调浆、过滤、晾晒、醒土。所谓醒土也就是用塑料布把泥土包起来，像“醒面”一样搁置一段时间，以便让泥土的软硬适中。“醒”好之后，再把泥土透彻地揉、搓……种种工序之后，才可以制坯。拉坯采用纯手工制作，因此每一只黑古陶都是独一无二的。拉坯之后的半成品，需要晾晒，期间不能接触阳光和风，否则坯体就比较容易干裂。晾晒完成后，黑古陶制品基本成形，坯体有了一定硬度，工艺师便可对半成品进行修形、雕刻、压光、抛光等工艺。之后的烧制工序是整个制作过程中最为关键的环节，火候稍有偏差，就有可能前功尽弃。每一只泥坯都要在土窑里经过 4 天的历练才能出窑。当窑内温度达到一定高度后，就要撤火，让密闭的窑内空间自

黑古陶产品

黑古陶传承人和雕刻师

然冷却，同时炭黑就会附着在陶罐上，纯天然的黑古陶色彩就这样形成了。出窑之后，每个黑古陶还要花上一个多月的时间完成晾晒、绘色等工序才能够出厂。

在生产中，黑陶工艺传承人不断研发民间工艺新品，使镇沅黑古陶继承和吸收了历代黑陶工艺精华，集雕、镂、剔多种工艺于一身，其成品黑如漆、明如镜、硬如瓷、击如磬，古色古香，玲珑剔透，融艺术性、观赏性、实用性为一体。

镇沅黑陶除质地优良外，雕艺的精湛也无可比拟。其雕刻刀工精湛、简练流畅，深浅把握毫厘清晰，布局严谨中展现结构的完整与和谐，起承转合之间颇具匠心，以品种多样、造型独特，颇受广大收藏家、消费者的喜爱。

由于文化的发展、工艺的进步，镇沅黑陶也慢慢地向艺术的殿堂升华。2008年，镇沅圣元堂产业公司又在恩乐大寺箐开办了一个黑陶彩雕厂，结合现代陶瓷工艺的精华，把劳动人民朴实的所见、所闻、所思以及梦想一笔一画刻在黑陶产品上。在传承

制腌菜坛

传统制作工艺的基础上进行了再次提炼，开发出色彩斑斓、栩栩如生的彩陶。由此，镇沅黑陶的姿色又有了新的提升，这种在刻纹上浓墨重彩的彩陶，带着山风、山味、山趣、山俗，呈现了一个多彩的世界，让陶品更加精彩纷呈。

彩陶虽然古色厚重不足，但有其时代的感染力。随着刻纹深浅不同，彩雕有着深浅浓淡的层次，远远看去，一层温润的光晕柔和地散发出来，凸起的纹饰呈立体的浮雕感，恰似经过岁月的磨砺而透出的神秘面容，就像一块礁石嵌入平静的海面露出故事的一角。

黑古陶是我国古陶器中独具魅力的瑰宝，更是民族民间文化中的一朵奇葩。镇沅黑古陶的发展演变见证了镇沅各民族文化的厚重历史，传统技艺与现代先进工艺的完美结合造就了镇沅黑古陶的华丽转身。特别是近年来，在宣传文化部门的大力推介下，镇沅黑陶频频亮相昆明南博会和民族文化艺术节，以“古朴自然、精美奇观”独占鳌头，成为广大宾客争先购买的艺术精品，走出国门，走向世界。2009 年 7 月，镇沅黑陶生产工艺被列入市级非物质文化遗产名录，同年 11 月晋级为云南省第二批非物质文化遗产名录。

❶ 传统老窑

❷ 黑陶拉坯

# 芳茗醉洌香

镇沅九甲千家寨2700余年的世界古茶树王列为基尼斯世界纪录，而者东马邓生态茶则为云南八大名茶之一，马邓茶质重顺滑、香型独特、色美味醇、喉韵甘润绵长……

穿过红尘阡陌，穿过心灵芳草，饮一碗马邓茶，品一段茶里人生，拾一段优雅心情，那轻柔似纱的清香弥漫到五脏六腑，这就是马邓茶的独特魅力，也就是马邓茶名扬四海的原因所在。马邓茶色美味香，马邓山更是神奇，夕阳晚照在哀牢山丘的时候，山丘的阴影覆盖了山脚的苦聪山寨。暮色渐起，山寨一片安详，第一缕炊烟静静升起，日出而作的苦聪人踏着日暮的余晖穿过墨绿的茶山陆续归来，天空传来阵阵悠扬的鸟鸣声，一群鹦鹉从山顶后面飞过来，飞过马邓村，飞过山野，沿着高高的山野向着晚霞坠落的山坳飞去。

马邓村在哀牢山上，苍翠绵延的群山深处，哀牢山深处坐落着星星点点的苦聪寨子，那儿茶花处处盛开，正是采早春茶的时节。日出时分，踏着露珠，伴着清脆婉转的鸟鸣声，勤劳的苦聪女人开始了一天的忙碌。当灵巧的双手飞快地掠过一根根细嫩的枝芽，不知不觉间竹篮里已盛满了春的新绿，日行至正当空该回家吃午饭了，她们用愉悦、嘹亮的嗓音呼喊着四周山坡上的同伴，山谷里回荡着遥相呼应的欢笑声，细窄的山间小路上采茶女人满载而回，仲春的阳光暖意洋洋，一阵清凉的春风拂面吹来，缓解了人们一上午的疲乏。

苦聪姑娘放下茶篮子、系上围裙，围着锅台转了一辈子，忙里又忙外，像男人一样干活。风霜日晒里劳作摧残了她们的容颜，却也练就了健康有力的体魄，从不涂脂抹粉的脸上总洋溢着温暖的笑容，谁不说那是马邓茶花一样美的笑容呢！

春暖哀牢山，茶香悠悠，马邓青山秀水间的一座小山村，这里的采茶人给了人们最亲切、最深刻的记忆。无论身在何方，在这春茶初生的时节，总让人想起那一张张亲切的面孔和那些趣味横生的茶山时光。

❶ 各色茶产品
❷ 品　茗
❸ 采茶女

秀美的茶园如绿宝石镶嵌在一座座大山里，远远看去那一垄垄、一行行修剪得齐齐整整的茶树，宛如绿色的波浪向着天边翻卷，在青青的茶园里穿行，就如在绿海里荡游。登上茶园的最高处，鸟瞰脚下的茶园，极目层峦叠嶂的青山，心就像喝了一杯马邓清茶般酣畅。放眼望去，那些背着竹篓分散在茶园里的采茶人，如一颗颗明珠点缀着茶园，让绿色的茶园充满了灵气。

雾重天气的马邓茶园，于浓浓的雾里看采茶的人儿，朦朦胧胧，如梦如幻。最神奇的是看缠绕在茶园里的云雾，或轻柔地在眼前飘过，或猛如洪水，在脚下汹涌，那种惊喜，那份震撼，深深撞击着心灵。当浓雾散去，一缕缕阳光洒满马邓茶园，静静的茶园霎时充满活力，那些沾满露珠儿的茶树在阳光的照耀下，一熠一熠地充满了灵性，饱餐大自然的阳光雨露，马邓茶叶能不馨？

马邓茶是云南省八大名茶之一，产于山清水秀的镇沅县者东镇马邓村。马邓村位于哀牢山西坡，海拔 1780 米。马邓先民种茶历史悠久，史料记载已有 800 余年历史，现存栽培型古茶树有 500 余亩。均为乔木型古茶树，当地农民历来都在采摘马邓茶。历史上，马邓茶是用马邓特有的古茶树品种的原料加工形成的晒青茶，是镇沅的历史名茶。自古以来有着较高的声誉，马邓茶属乔木型大叶种茶，具有汤色翠绿、色美味香、回味爽口、耐泡、茶碱不腻等特点，是当地苦聪人民招待客人的上等佳品。

传说，一百多年前，反清义军李文学部将李学东率兵退居镇沅者东文龙哀牢山寨，千余士兵不幸染上伤寒痢疾，唯独其中三位体弱老卒安然无恙。问之，谓常饮本地马邓茶。李学东便找来马邓茶，轻者沸水冲泡频饮，两三天即愈，重者加生姜、食盐、焦糯米熬汁服饮，两三天后也痊愈。于是，马邓茶名声大噪，被称之为“饮疗之佳品”。

在 1981 年云南省全省名优茶鉴评会上，马邓茶获得云南省八大名茶之一的荣誉，受到广大消费者的青睐。

1990 年 5 月 14 日，泰国公主玛哈扎克星・诗琳通殿下在访问中国期间，在云南省政府宴会上喝了马邓茶之后，称赞不已，当即表示要带一些回国饮用。省政府领导高兴地送她 200 斤马邓春茶，此事一时被传为佳话。

生态茶园

# 秘境苦聪的前世今生

洗净历史沉积在废墟上的尘埃，从山头到山脚，从时光的隐秘处，把或喜或悲的情绪放生，将世俗的心沐浴在一片清莹里。这仿佛是一种奇怪的心路历程，当我们置身其间，曾经的迷离、沉重，终不再拘于这偏居一隅的狭小。

在那巍巍的哀牢大山深处，繁衍生息着一群鲜为人知且曾被称作“另类”的人群，他们从原始社会一步跨入社会主义社会，并随着与外界接触的逐步加深，渐渐把一些独特的山风民俗传到山外。许多文人墨客因此慕名而来，从而也让我们对这一群人的认知从感性升华为理性，甚至说得出那里的许多山路、树木和花草，也知道了这一群人叫作“苦聪人”。

苦聪人是世界上人口较少的少小族群，全球 4 万人，中国 3 万余人，镇沅就有 1.5 万人，约占全球苦聪人总数的 40%，约占中国苦聪人总数的 50%。因此，只有镇沅，才是世界苦聪人寻根问祖的地方；只有在镇沅，才能看得到世界上独一无二的苦聪人历史文化博物馆；也只有镇沅人，才最有资格评说苦聪人的前世今生。

说起苦聪人，让人联想到的是神秘、古朴和原始。《皇朝职贡图》描述苦聪人说：“性险、居山崖，种荞度日，男女混杂，不知礼仪，衣服多同糯比”，“形大粗野，打猎为生，居处无常，山荒则徒”。这些古籍的记载说明了苦聪人是隋唐时期“锅搓蛮”的直接继承者。因此，直至20世纪60年代，人们还一直把他们视为野人和原始部落的最后族群。苦聪人世世代代生活在崇山峻岭中，以树洞、石洞为家，把芭蕉叶、树叶和树皮用火烤软后当衣服穿，有的采集蜘蛛网编成衣服，有的披棕衣兽皮，吃的是野果、野菜、禽鸟兽肉和苞谷、荞麦、洋芋之类的杂粮。由于没有锅，所以边烧边吃。直到1956年的夏天，中国人民解放军才在哀牢山的原始森林里发现了苦聪人的踪迹。接着，在政府的帮助下，经过艰苦细致的工作，他们才告别了“攀岩摘枝，猎为衣食”的生活，逐渐走出山林，实行定居定耕。

苦聪人是一个喜茶爱茶的人群，曾与茶结下不解之缘。传说有一群“锅搓”猎手在深山密林中追赶猎物不慎迷失了方向，老猎头攀树辨路无果，随手摘了一片树叶放进嘴里咀嚼，树叶的清凉余味无穷，顿时神清气爽，辨清了方向，便让众猎手都咀嚼了这种树叶，疲劳也跑得无踪无影了。遂在黄昏的天光下兴高采烈地踏上了回寨子的归途。后来，苦聪人就把这种树视为神树，移植到寨子旁边成片种植，每

苦聪新村全景

❶ 苦聪人茅草房

❷ 苦聪人杉片房

年春天把新芽采下晒干泡水喝，这种树其实就是茶树。这虽然仅是一个传说，却为镇沅的茶文化融入了既神秘又独特的韵味。难怪如今的哀牢山千家寨一带不仅有成林成片的栽培型茶树蓬勃生长，而且连片的野生古茶群落也有数万亩之多，生活在这方热土上的苦聪人与茶为邻、以茶做伴，有悠久的种茶历史和茶文化，或许就是起因于这一美丽的传说吧。

苦聪人由于长期居住在哀牢山里，基本过着与外界隔绝的生活，生产生活方式落后。农业靠刀耕火种，使用的都是竹木工具，吃的除少数苦荞、草籽、苞谷等，大部分是采来的野菜、野果和捕获的兽肉，穿的都是遮羞的兽皮、野芭蕉叶，因此他们是不会轻易走出深山老林的。一是怕羞，二是怕被外族人误以为是野兽，所以他们的家越搬越远，贫穷也就离他们越来越近。

苦聪人的犁是没有犁铧的，用黄栗树在犁底一端砍削成尖角当犁铧。因没有牛，用人拉犁耕地。新中国成立后，苦聪人逐步用上了铁制的犁铧，但人拉犁的状况一直延续到20世纪70年代。

苦聪群众

苦聪人的仓储方式很落后但颇具特色。他们在自家附近

选一块干燥空地，用原木垫底，用竹片在原木上面编制成圆形的桶状仓体，加盖茅草顶，再用牛粪内外糊上阴干，就是他们用来存放粮食的仓库了。这种被苦聪人称作“土锅仓”的“仓库”确实物如其名、形如土锅，要是不听介绍，你怎么也不会想得到苦聪人把全年的生计都藏匿于此了呢。

人类的繁衍生息总是离不开文化的支撑，苦聪人虽然贫穷，但也在其艰辛的生产生活中孕育了独具特色的传统文化。如苦聪人的反弹三弦在世界上为首创，苦聪人的蜂筒鼓为三人

❶ 穿树皮衣的苦聪人

❷ 苦聪大妈

苦聪新村

同敲一鼓的演奏方式也属罕见，畲葩节中选取头人的选举方法可谓独一无二。此外，他们的饮食文化、服饰文化等均与其他民族有较大的差异。

平地一声春雷，震惊了哀牢山中部的苦聪山寨。

2005 年 11 月，新华社一篇《云南镇沅苦聪人生活依然贫困》的文章引起了党中央、国务院的高度重视。11 月 2 日，时任国务院总理的温家宝同志做出了“要贯彻对人数较少的少数民族地区的扶持政策，采取切实有力措施使苦聪人早日摆脱贫困”的重要批示，一场以解决苦聪人贫困为主题的扶贫攻坚战就此拉开了帷幕。顿时，四面八方都为这一场拯救苦聪人生活以至于其灵魂的战役而奋战。苦聪人，从此步入了真正意义上的春天，无论整村推进后的苦聪山寨，还是易地扶贫下的苦聪新村，传来的都是幸福的欢笑，奏响的都是发展的旋律。苦聪人，又一次与时光赛跑，从地狱一步跨向天堂，快速完成了第二次质的飞跃，实现了从原始生活方式到社会主义社会再向现代文明社会转变的历史性跨越。

有一种学说认为人间的贫穷与富贵是一种轮回，哀牢山苦聪人的今非昔比为这个学说的成立提供了有力的证词。如今的苦聪人已同其他民族一起，在高山、在坝子、在城市追星赶月，并驾齐驱。

苦聪人，历尽艰辛，苦尽甘来。

苦聪人，当自强不息。

山村秀色

# 独具魅力的乡间陀螺

陀螺，以急速飞旋的身影闯进我们的视野，一圈一圈地增长着生命的年轮，在无量山麓旋转出了传统文化的独特韵律、转出了大山的风范，还有大自然的秀美景致……

民间陀螺的发明者是谁，我们无以考证，但它一定源于创造了世界的劳动人民。

在镇沅民间，打陀螺作为一种传统体育竞技活动，似乎谁都不陌生，但无量山一带的陀螺活动却有其独特的韵味，彰显着悠久的发展历史和深刻的文化内涵。

镇沅勐大彝族打陀螺有个规矩，客人进场地观赏陀螺赛，要喝“进门酒”，来者务必喝下三杯彝家自酿的“麻栗果”方能进入陀螺场。说这是彝家欢迎贵宾的习俗，谁要不喝就是看不起彝家人。喝完进门，再进入陀螺场，主持人先欢迎来宾，接着便指着陀螺场边一棵挂满陀螺、拴有一只山羊的松树介绍说：“这叫松㮾，是清洁平安的象征，把羊拴在松㮾上意味着喜气洋洋。”说话间，只见甲乙两队领队走到松㮾前跪地燃香烧纸，膜拜、祈祷赛事平安。那两人不叫领队而叫“老包”，是每轮比赛中打最后一线的人，他们

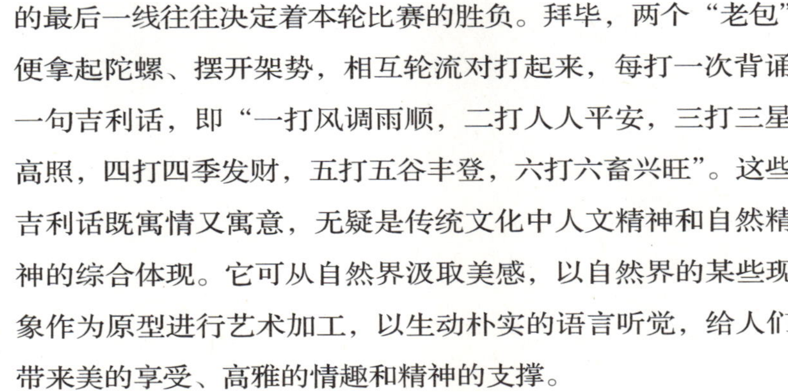

的最后一线往往决定着本轮比赛的胜负。拜毕，两个“老包”便拿起陀螺、摆开架势，相互轮流对打起来，每打一次背诵一句吉利话，即“一打风调雨顺，二打人人平安，三打三星高照，四打四季发财，五打五谷丰登，六打六畜兴旺”。这些吉利话既寓情又寓意，无疑是传统文化中人文精神和自然精神的综合体现。它可从自然界汲取美感，以自然界的某些现象作为原型进行艺术加工，以生动朴实的语言听觉，给人们带来美的享受、高雅的情趣和精神的支撑。

陀螺比赛开始，赛手们纷纷从松馀上取下自己的陀螺，甲乙两队“兵马”在自己的位置上一字形排起长队，主持人高声宣布：“× 和 × 陀螺比赛开始。× 队支陀螺，× 队打陀螺。”

无量山一带打陀螺都是男人的活儿，女人是从来不参加的。但如今的陀螺场上也出现了女人的身影，她们舞弄着陀

精彩陀螺

螺，有说有笑，有的支有的打，巾帼不让须眉，大有不敌对手不罢休的英武架势。由此看来，这个年头所谓的“女汉子”不再是城里人的专属，打陀螺也不再是男人的专利了。然而，恰恰是有了这些穆桂英式的巾帼精英，衬托出了山乡陀螺场的美眉，激发了男人们的勇武，让那些经不住诱惑的爷们使出浑身解数、掏尽看家本领，把整个赛场吵得热火朝天。

镇沅彝族、哈尼族、拉祜族村寨逢年过节都要举行陀螺赛事，一般以自然村寨为单位组队参赛。过去，一般在农历正月初一、初二，元宵十五、十六和二月初八才打陀螺，故有“过年过到二月八，陀螺打到青草发”一说。随着时代的发展和社会的进步，打陀螺不再受时间的限制了，人们自行邀约、自发组织，假期节日、劳作之余、饭毕茶后都有人在打陀螺。早上打，白天也打，特别是乡村傍晚的陀螺场无疑是最热闹的地方。就算少数不会打陀螺的也要

各式陀螺

前来观看，为其鼓掌加油，共同分享欢乐。

镇沅村村寨寨都有各自的陀螺场，这些陀螺场虽然规格不尽相同，但一般都是一块平整的草地，一旦被确定为陀螺场的草地就不得再耕种。如果没有合适的草地，就算占用旱地，也要开挖一块。没有陀螺娱乐，村民们就会吃不下、睡不香。打陀螺已成为镇沅民间的业余文化活动，参与面十分广泛，男人打，女人也打，上到七八十岁的老人，下至五六岁的小孩都会打陀螺，真可谓是“村村寨寨陀螺声，男女老少齐上阵”。

镇沅民间使用的陀螺类别颇多，由过去的石头陀螺、挖棒陀螺演化至今，目前保留的有麻栗籽陀螺、鬼头陀螺、挖地陀螺、磨盘陀螺和标准陀螺等。这些大小不同、形状各异的陀螺全是当地村民手工制作，工艺极为精细，从中可以看出无量山彝族人民的聪明才智。

镇沅民间广大民众对打陀螺活动情有独钟，在多年来开展陀螺比赛的活动中，练就了一批技艺超群的陀螺骨干，多次在省、市、县举办的陀螺比赛中荣获团体、个人的一、二等奖和优秀奖。

镇沅各民族孕育了陀螺文化，多少年来，他们把这种有形的陀螺活动融入无形的精神世界，在他们的生活中生根发芽、开花结果，成为他们陶冶情操、激发斗志的传统文化。既充实了他们的生活，又丰富了他们的人生。

山寨的陀螺赛事依旧蔚然成风，那些精灵般的陀螺在茫茫原野簇拥着一方明镜似的草坪，在斑斑驳驳的岁月里，犹如放飞的童心一般，飞旋、飞旋、再飞旋……

# 道德的天平

都说流水无痕，岁月却常常用一种平和的，甚至是抒情的笔触书写指缝间渐渐淡去的流年，给后人留下了不少印记。这些或深或浅、或大或小的印记，有的随年轮的磨砺趋向消亡，有的却永远定格于脚下裸呈的土地。

在描写山光水色时候，不少作者都喜欢用“山有多高，水就有多高”来比喻山与水的均匀与协调。然而，现实中山上无水，山下争水的状况却屡见不鲜。为解决耕种田地缺水和水量分配不公的问题，很早以前就有人发明了名为“刻木分水”的量水方法。据说此方法的发明者就是繁衍生息在大山深处的原始族群苦聪人。

刻木分水，苦聪语为阿戛别，意为心上的水秤。具体做法是根据各村寨和各户田地的多少计算出需水量后，在每块田地头或寨子分界的水沟口安装一个水平木，将沟水进行合理分配。水平木是用一根长短与水沟宽度相彷，直径5寸以上，木质较好而耐用的木头，测算出各家应得的水量，在水平木上用凿子或砍刀砍出大小不一的口子，将沟水进行合理分配。水平木上流水的口子，分大垭和小垭，每一小垭为一角，每两角为一大垭，一角就是一份流水量。田地多的角数就多，进水的口子就宽；田地少的角数就少，进水量也随之减少，然后根据水平角数的多少来确定各家各户所承担修理和维护水沟的义务工和费用的数量。

水平制作完毕后，由寨主选定一个良辰吉日，把寨里德高望重的长老、各户的家长及有关的人员邀约到分水口，举行严肃的水平安放仪式。安放完毕，寨主宣布水规：不准赶牲畜从水平木上踩过；山塌、泥石掩埋或大水冲垮水平时，谁见谁及时维修，自己修不了要及时告知寨里人；个人不能自行将水平口子砍大，违者将取消放水资格；偷水者，第一次将他家的水口堵起来停止放水 3~7 天；第二次偷水者，一律取消其用水资格。水规宣布完毕，寨主将水口扒开正式放水，刻木分水的整个制作和安放流程就此结束。

由于安放水平是经过部落集体讨论决定的，并赋予一定的寨规族礼，因此具有公正性和严肃性，得到了寨子里所有人的自觉拥护。往往安一个水平可沿用 10~20 年，直到水平木朽了才另安新水平。

刻木分水是一种优秀的历史农耕文化，也是原始道德观念的一种产物。问世以来，它便以公正无私的形象在苦聪人心目中架起了一座道德的天平。正所谓：“人心不平安水秤。”遗憾的是经过几百年的风雨沧桑，刻木分水至今已濒临灭绝，取而代之的是各种管子、渡槽、三面光沟等现代水利设施，就算偶有残存，也早变作水泥与石块的融合，倒不如叫“砌石分水”更为贴切些。不过，若要想一睹刻木分水真切也不难，不妨走进镇沅苦聪人历史文化博物馆，无论是文字还是实物，那里皆有展示。

在苦聪山寨，只要说起刻木分水，从八九十岁的老人到刚入小学的孩子们对此都无不知之。看来，这种历史农耕文化现象已在人们的头脑中打下了深刻的烙印。难怪当我们走在苦聪山寨那方迤逦的田园上时，似乎总是听到从久远的年代里传来的阵阵流水声，“哗啦、哗啦”地在整个哀牢山涧回荡。

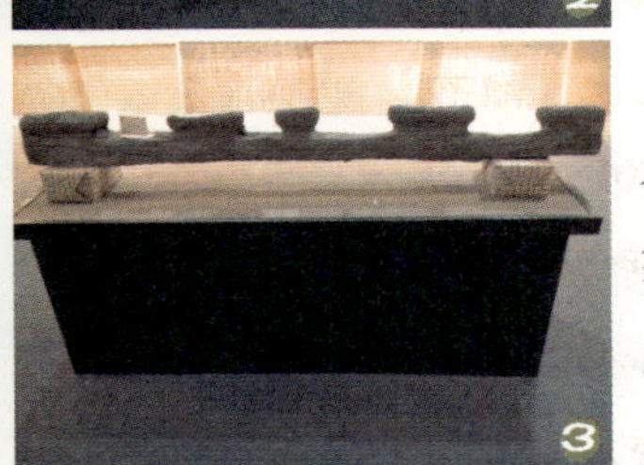

❶ 田间刻木分水图
❷❸ 刻木分水

# 山地奇装醉红尘

就如同大山没有森林和植被，大地没有绿叶和鲜花，作物没有阳光和雨露，如果不是服饰的装点，民族文化就不会这般绚丽灿烂。

镇沅彝族服饰可谓是百花竞放、群芳斗艳，如同镇沅的民族文化，是各民族互相渗透及影响而生成的。在镇沅的土地上，22个民族劳动创造、生生不息，大量吸纳与融化了云南各民族文化的结晶，演化成整体的民族服饰文化。

镇沅的彝族服装大致可分为生活装、舞台装和盛装三大类。生活装从羊皮袄说起，经过了麻布马褂、麻布面襟衫、土布衫、四廉布衫等，现已发展到了金绒面料的服饰。不过，无论男装、女装，长包头、布纽扣及红花边则是万变不离其宗。彝族舞台装是在1990年镇沅彝族哈尼族拉祜族自治县成立的庆典上才出现的，那时的彝族舞台装由本地自制，仅在生活装的基础上做了一些修改，男装几乎都是黑色的面料，黑包头、黑马卦、黑摆裆裤，只用市场上买来的花边镶领口和袖口，没有更多的图案。女装上衣是紫红色的面襟衣，蓝筒裤，外加一块青布围裙，图案也较为简单，但围裙正中都绣有马缨花。那次，我荣幸地被指派担任彝族方块队的指挥，随着黑压压的一帮队伍过街穿场，看着那些吹着过山号、弹着彝族大三弦的彝家汉子和那些敲打着羊皮鼓，一路手舞足蹈的彝家姑娘，心情十分激动。这些着装虽不艳丽，却很庄重，给人一种既古朴、粗犷，又明快、豪放的感觉，让人心情愉悦、舒坦。特别是 2010 年县庆 20 周年时，展示出镇沅彝族多姿多彩的服饰，品种之多、款式之奇、色彩之艳、花样之繁，让人目不暇接。仅裙子款式就有百褶裙、筒裙、短裙、摆裙、连衣裙等，无论是袍、衣、裙、裤，不同的彝族支系在结构、工艺、风格等方面都有差别。比如高领大襟袍，有开衩和不开衩的，有前后开衩的，有前后开衩和周围镶边的。其特点是，男装以黑白相间色为主，图案大多以火、虎等彝族图腾为标志；女装则以大红、鲜红为基调，

彝族哈尼族拉祜族民族服饰

象征马缨花的艳丽及火红的彝家情怀。

如果说彝族服饰是一团燃烧的烈火，那么苦聪人的服饰就是一首古朴的长歌，有简陋，有烦琐，有单一，有复杂，可谓是镇沅少数民族服饰中演变最快、特色最浓的服饰。

过去，苦聪人长期与世隔绝，基本处于原始社会形态，在生活和生产中都保留着许多原始残余，生活在山林里的苦聪人缺衣少食，甚至根本没有衣物。于是，他们就用火把芭蕉叶烤软，或是从山箐里扯来野生的猴子背巾叶，用开水烫后晾干，然后围在腰间和胸前当衣服。这种衣服并不御寒，仅能用于遮羞。而不到 12 岁的小孩和部分上了年纪的老人是不穿任何衣服的。

后来，一些稍精明的苦聪人又学会了采集山里的蜘蛛丝，经过除杂、摊块、平压、剪裁、架线、缝合、纹边等多道工艺，缝制出上衣、帽子、裤子等蜘蛛丝服饰，除遮羞蔽体外，还具有较好的御寒和防水作用。从而，全世界绝无仅有的蜘蛛衣便在哀牢山中部的苦聪部落诞生了。但由于需要几千张蜘蛛网才能做成一件简单的蜘蛛衣，原材料数量不足、难以采集等原因，能穿上蜘蛛衣的人毕竟只是极少数，大多数苦聪人只能望尘莫及。为此，部分苦聪人又拔来山上的火神树皮，通过各种粗略的工艺做成树皮衣。树皮衣用许多树皮绳和树皮块挞连而成，质硬，不贴身，在御寒和舒适方面远远比蜘蛛衣差，但不易损毁，一件树皮衣可穿七八年，甚至更长的时间。据说新中国

拉祜族传统服饰

成立前苦聪部落里的服饰可谓是多种多样，树叶衣、芭蕉叶衣、蜘蛛衣、树皮衣、棕匹衣都会在同一个寨子里同时出现。

新中国成立初期，苦聪人学会了以物易物的物品交换方式。他们成群结队地把狩猎得到的虎骨、豹皮、鹿茸、熊掌、熊胆等珍贵物品带到山外摆在山路中间的走道上，或者吊在路边的树上。而他们则藏起来，一旦过路人见到这些摆在路上的物品，他们就会根据自己的需要，放下适当数量的盐巴、衣服、荞籽、苞谷之类的物品，待过路人走远了，苦聪人才敢走出来取走路人留下的物品。不过，这种交换是极不公平的，往往一张豹皮、一个熊胆只能换取一件破衣服，一架鹿茸也只能换取一小块盐巴。也正因为如此，以狩猎、采集为生的苦聪人很少舍得穿比较好的兽皮和畜皮，他们不得不为食盐等一些生活必需品而舍弃自己的珍贵物品。

新中国成立后，苦聪人三五家相约，逐步聚集于山洼或稍平缓的地带，并与外界有了一些接触，其服饰也慢慢地有了一些改观，

彝族男子服饰

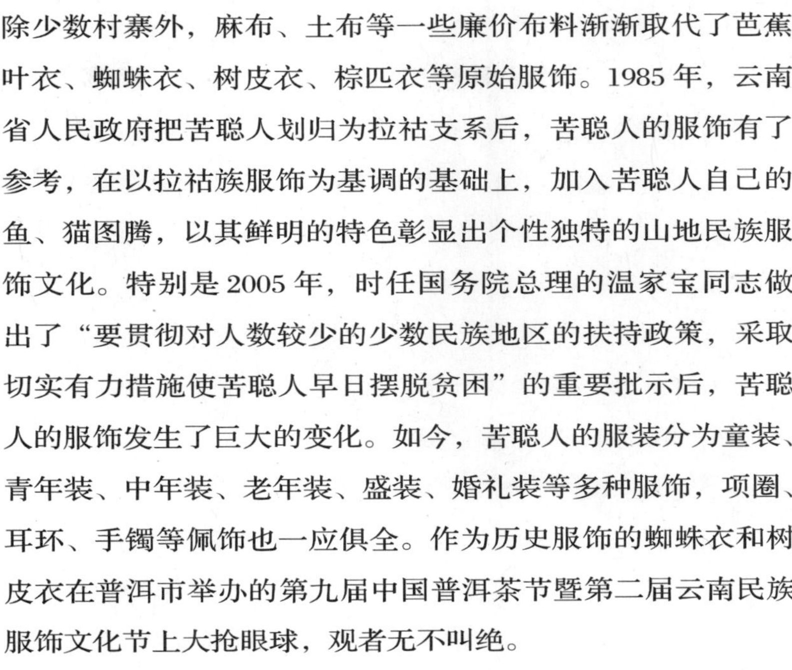

除少数村寨外，麻布、土布等一些廉价布料渐渐取代了芭蕉叶衣、蜘蛛衣、树皮衣、棕匹衣等原始服饰。1985 年，云南省人民政府把苦聪人划归为拉祜支系后，苦聪人的服饰有了参考，在以拉祜族服饰为基调的基础上，加入苦聪人自己的鱼、猫图腾，以其鲜明的特色彰显出个性独特的山地民族服饰文化。特别是 2005 年，时任国务院总理的温家宝同志做出了“要贯彻对人数较少的少数民族地区的扶持政策，采取切实有力措施使苦聪人早日摆脱贫困”的重要批示后，苦聪人的服饰发生了巨大的变化。如今，苦聪人的服装分为童装、青年装、中年装、老年装、盛装、婚礼装等多种服饰，项圈、耳环、手镯等佩饰也一应俱全。作为历史服饰的蜘蛛衣和树皮衣在普洱市举办的第九届中国普洱茶节暨第二届云南民族服饰文化节上大抢眼球，观者无不叫绝。

镇沅彝族、哈尼族、拉祜族三个自治民族中，哈尼族服饰可谓是一朵深藏不露的奇葩。镇沅哈尼族与其他地方的哈尼族一样，是一个开垦梯田、种植稻谷的山地农耕民族。独特的生存环境形成了哈尼族传统服饰文化的精髓，不仅仅是简单的御寒防风蔽身之物，它承载着极其丰富的文化信息，构成展示和追忆祖先迁徙壮举、英雄业绩的物化载体。哈尼族服饰的色彩、款式和纹样，既是该民族生存区域地理环境的折射，也是族人社会身份和角色的标识，透露出生生不息、物我合一的生存理念。由于哈尼族生存环境大多在水源充足的沿河地带，交通方便、信息传递快，其服饰也随着经济社会的发展而不断变化，可谓五彩斑斓、制作工艺精湛，体现了哈尼族妇女的勤劳和智慧。每个图案和符号所承载的文化信息远远超过人们所看到和想到的，是一个深奥而难以破译的密码。

历史上，镇沅哈尼族卡多支系服饰（妇女）用黑色自织染布做面料，包头为圆盘式镶边戴帽，配以各种彩色花饰。

上衣为左开襟服，绣以各种色彩鲜艳的图案并配以银饰，下着黑色齐膝裤，适应于梯田农耕劳作。上衣具有共同的刺绣图案、装饰物品和审美色彩，刺绣图案一般以白鹇、太阳为主线，裤子仅在脚边上镶有方形架花刺绣，男子穿对襟上衣和长裤，以黑布或白布裹头，这就是镇沅哈尼族服饰的基本特征。

镇沅哈尼族认为黑色代表美，是庄重和圣洁的，将黑色视为吉祥色、生命色和保护色，所以，黑色是哈尼族服饰的主色调。同时，每部分都钉有银饰品或绣有繁杂而又各有特定含意的图案，绣工精细，图形规整，构思精巧。这些装饰物品和刺绣图案，实质上都是自己民族生存区域地理环境的折射，也是对祖先英雄业绩的缅怀和记述。

今天，这种既能表现民族风格，又能表现粗犷、健美的服饰，已不局限于哀牢山谷之中，它已作为一种高尚的服饰文化，被搬上了文艺舞台。

镇沅民族服饰在装饰图案上以写实性动植物图案居多，色彩艳丽、明快。彝族服饰图案内容以火纹、虎纹、羊角纹、马缨花、八卦图案最富代表性，并配以鸡冠帽、虎头帽、麝香包等饰品，多有

拉祜族妇女服饰

光明、正义、驱鬼、辟邪，企盼吉祥之寓意，反映了强烈的功利性。哈尼族服饰的图案以山鸟、太阳、月亮居多，映衬出族人对天地万物的敬重。拉祜族（苦聪人）服饰的图案则以猫、鱼、鼠等动物为主线，体现出人们对历史传说的虔诚，及对动物的无上崇拜。

镇沅少数民族服饰具有丰富的文化内涵，各民族在生产劳动过程中，为求自身的生存和发展，以顽强的意念和卓越的智慧，创造了独具镇沅特色的服饰文化。经过历代的不断积累、融合、演变、创新，日趋缜密，丰美华瞻，逐渐形成了独具民族个性和传统文化特色的镇沅服饰文化，充分展现了镇沅各民族的价值观念和精神风貌。人们一般都把风格不同的民族服饰看作是不同民族的重要标志，甚至视为某种意义上的“族徽”。

的确，服饰是民族文化的重要组成部分，是区别族群的标

拉祜族服饰

志，它与社会文化的发展不可分割。少数民族民俗服饰其独特的背景、特点、文化内涵和审美意识，充分揭示了蕴藏在少数民族服饰中的民族历史、文化传统、价值取向、审美情操和精神追求等深层次的寓意。

任何一个民族，当穿着自己的民族服装时都是最美的。如果能在传承和发扬民族文化的基础上，找到一个最佳结合点，把古典与现代有机结合，取其精华，不断改良民族服饰，这样就能赋予民族服饰更强的生命力。

镇沅少数民族服饰也面临着社会全面现代化进程的冲击和改革的要求，一些传统服饰已经发生变化。因此，一方面要抢救服饰资源，另一方面要有目的、有组织、有计划地引导服饰改革，努力做到既保持服饰的民族传统和文化特色，又能适应现代化的生产和生活需要。

人世间不仅有心灵的沙漠和情感的冰窖，还有妖娆的绿洲和奔腾的热流，各种民族服饰是涤净红尘而至善至真的情怀，在人间筑起了一道道亮丽的风景。是的，服饰，既是一种装扮，又是一种文化，人类要生存，就需要文化。文化，其侧重点在于它的社会性。简而言之，就是人是主宰，一切社会活动都要由会独立思考的人来付诸实施。也就是说，人类的活动不是单纯的生存，而是生活。生存是基于物质而存在的，生活却是一种比较高的境界。而中国文化的博大精深，是世界其他文化所无法比拟的。于是，中国民族服饰文化也就成了世界上最鲜、最美的奇葩。

# 后　记

打开《文化普洱·镇沅》，用心去触摸这些古朴而鲜活的文字，被文字牵引，充盈着感动，内心的尘垢会慢慢拭去。每一段文字都闪耀着历史的光辉，每一篇文章都折射出镇沅文化纯洁厚重的色彩。虽然我们未能写出“笔落惊风雨，诗成泣鬼神”的文章，但我们坚信，只要有纯真质朴相伴，就可以用手中的笔，写出使人眼睛发光的文句。

镇沅彝族哈尼族拉祜族自治县位于云南省西南部，地处哀牢山和无量山之间，隶属普洱市，东靠新平，北接景东、双柏，东南与墨江、宁洱毗邻，南接景谷，西与临沧隔澜沧江相望。总面积4148平方公里，居住着彝族、哈尼族、拉祜族、汉族等22个民族。

镇沅少数民族众多，民族传统文化丰富多彩，各民族留存于本地的各种文物古籍、景观、景点，承载着丰厚的历史和文化内涵。明代柳追河都督城、柳追河都督城石墩石桥遗址、明清时期按板镇上观音和下观音遗址、镇沅土司督城遗址、恩乐大寺庙遗址、恩乐大堂衙门、九甲千家寨遗址、卡斯地貌奇观者东飞来寺遗址，振太紫马街古民宅建筑，地下被河水冲埋督城门6吨重大铜古钟、古墓和大铜钟，傣族古墓、勐大明清时期12属相古墓、登高村清代古墓。解放西南战役圈田街战役烈士陵园、古城南京街解放西南南京烈士塔陵园，解放西南战争按板镇哀牢山烈士塔，按板玉河文笔古塔。清光绪六年（1880年）修建的振太难塔石拱桥，道光十七年（1837年）修建玻烈河石拱古桥。明代天启元年和尚洞内诗词书画，者整村道光八年（1828年）的石标杆，马家园河岸古榕洞，杜文秀、李文学起义囤粮地按板镇花山营石仓，小水井古茶马道，和平哀山茶马古道，勐大大井盐矿，按板井盐矿，还有世界野生古茶树王群落。

一方水土养一方人，居住在这片充满灵性热土上的22个民族，依山傍水，繁衍生息，他们富于想象和创新，浪漫风情天然成趣，形成了具有本土风味的歌舞乐，形成了独特的边地文化氛围。彝族咪哩人之手工麻纺服饰工艺文化、哈尼族卡多人之风情婚礼、苦聪人反弹三弦之深谷奇葩、神秘隆重的苦聪“畲葩”圣节，流经千百年亘古不衰。

1990年2月3日，经国务院批复，共和国最年轻的自治县诞生。1998年2月28日，镇沅县城从按板镇迁至恩乐镇。镇沅县委、县政府坚定不移走“生态立县、绿色发展”之路，确立了打造“山水田园休闲城市”的发展思路，努力建设“山水相依、水绿相连，人在城中、城在绿中，生态宜居、文化宜游、活力宜业”的魅力精品小镇芳香镇沅。

《文化普洱·镇沅》全方位展示了镇沅的人文、地理、民族风情历史文化，上下几千年，镇沅各民族向来以勤劳、勇敢、智慧著称。我们的祖先们，创造了灿烂的民族文化，我们民族的优秀代表有许多杰出的思想家、政治家、军事家、文学家，不少民族英雄、起义领袖，都以他们的业绩和成就，为民族的历史画卷增添了光彩。重温历史，的确使镇沅炎黄子孙感到自豪。

当然，本卷未必能全面反映镇沅历史文化的全貌或本质，尽管我们查阅和采写了镇沅历史文化的一些史料，对镇沅历史文化有了些了解，但毕竟缺乏系统的考察和研究，在这部书的整理和编著过程中，由于手头资料不足以及时间上的原因，不免有疏漏的地方。在整理和编著过程中，许多领导、专家、学者、民间艺人对本书给予热情的支持和鼓励，为本书的编著工作提供了很大帮助。借此谨向书卷编著热情支持者致以最诚挚的谢意。

《文化普洱·镇沅》编委会